Bruder Felix Weckenmann

mit Christoph Fasel

Das Glück wächst im Garten

Mit Fotos des Autors

INHALTSVERZEICHNIS

JANUAR ❦ Warten

Ein Mann steht am Sprossenfenster der Klosterbibliothek. Sein Blick streift die schneebedeckten Dächer von Kloster Beuron und bleibt an vereisten Bäumen und Sträuchern hängen. Der Winter lässt die Natur erstarren, nur die Donau fließt unermüdlich, verliert sich in kleinen Flussarmen und trägt Eis und Treibholz flussabwärts. Sie ist in diesem Abschnitt des Tals, an dem sie die südwestliche Schwäbische Alb durchbricht, noch ein recht schmaler Fluss, keine acht Stunden alt, einer Quelle im Schwarzwald entsprungen. Die Erosion hat auf beiden Seiten des Tals Felswände aus Kalkstein freigelegt, teilweise sind sie nahezu senkrecht und über hundert Meter hoch.

Es ist der 6. Januar, das Fest der Heiligen Drei Könige. Der Mann am Fenster trägt den schwarzen Habit der Benediktiner. In seinem ersten, weltlichen Leben hieß er Ewald Weckenmann. Seinen Ordensnamen lebt und atmet er: Bruder Felix – der Glückliche.

*

Schwer hängt der Schneehimmel über dem Donautal, Wolken schieben sich zwischen die Kalkfelsen und senken sich über das Ufer. Es ist ein eiskalter Tag, das Thermometer zeigt minus 12 Grad. Kleine Nebelschwaden lösen sich aus dem Fluss und wabern über die Wasseroberfläche. Die Natur schläft, und ich wache.

Ich wache über die Pflanzenanzucht in den Gewächshäusern, achte auf die Temperaturen und reguliere die Heizung. Frost würden die Keimlinge nicht überstehen.

Vor einigen Tagen hatte es stundenlang geschneit, und ich sorgte mich um die Glasdächer. Ein Kubikmeter Neuschnee wiegt bis zu zweihundert Kilogramm, irgendwann wird es vielleicht zu schwer für die Dachkonstruktion der Gewächshäuser. Br. Markus und ich schoben den Schnee hinunter. Trotz der schweren Arbeit musste ich dabei lächeln. Eine Kindheitserinnerung stieg in mir auf: Als kleiner Junge schippte ich zusammen mit meinen Brüdern Schnee vom Elternhaus und der Werkstatt meines Vaters in meinem Heimatort Dormettingen.

Knapp vierzig Kilometer sind es von dort bis nach Beuron. Kurvenreich führt die Straße über die Zollernalb und durch das Bäratal bis auf die Höhe über dem ehrwürdigen Kloster – und dann steil bergab ins Tal.

Fünf Jahrzehnte liegen zwischen diesen Bildern, und dennoch fühlt es sich nah an.

*

Die Bäume im Oberen Donautal krallen sich mit ihren Wurzeln in das Erdreich und jede Spalte. An den Hängen rings um das Kloster wachsen Ahorn, Buche, Eiche, Esche, Fichte, Hainbuche, Kiefer, Lärche, Linde, Ulme, Weißtanne und Wildkirsche.

Das Tal ist ein Ort der Mythen und Geschichten. Die Namen der Felsformationen spiegelten die Vorstellungskraft der Menschen wider: Eichfelsen, Knopfmacherfelsen oder Bischofsfelsen. Majestätisch erheben sich Säulen und Kalkplatten über dem Donauufer. Die schroffen Felsen zwingen die Donau, sich durch die Landschaft zu schlängeln. Schon vor über 900 Jahren gründeten Augustiner-Chorherren ihr erstes Kloster im Talkessel. 1863 kamen die Benediktiner und bauten das inzwischen verlassene Kloster wieder auf. Das Anwesen liegt in einer Flussschleife. Im Laufe der Jahrhunderte entstanden hier knapp zwei Dutzend Gebäude: die ehrwürdige Klosterkirche und die prächtig ausgestattete Gnadenkapelle, die Klausur der Mönche und die große Bibliothek, der Klerikatsbau, in dem früher die Theologiestudenten wohnten, und das Refektorium, in dem die Gemeinschaft zum Essen zusammenkommt. Dazu der Gastflügel und die Wirtschaftsbetriebe des Klosters – der Kunstverlag, die Buchhandlung und die Gärtnerei. In einem eigenen Gebäude ist die Mosterei untergebracht. Nach Westen erstrecken sich der Klostergarten sowie die Obstwiesen, und die Felder grenzen an das Flussufer. Im Garten liegt das Bienenhaus im Winterschlaf, es leuchtet mit seinen farbigen Klappen. In der kalten Jahreszeit ziehen sich die Bienen allmählich zwischen Flugloch und Futtervorräten zu einer Wintertraube zusammen. Wenn es den außen sitzenden Bienen zu kühl wird, drängen sie nach innen, und andere übernehmen ihre Rolle. Die Bienen sind im Winter langsamer unterwegs, aber doch ständig in Bewegung. Sie tauschen die Plätze, zehren den Futtervorrat auf und warten darauf, wieder ausschwärmen zu können. Im Februar ist für sie die Zeit der Ruhe vorbei.

Die Tallage des Klosters strahlt durchaus Geborgenheit aus. Aber wenn die Sonne nicht durch den feuchtkalten Winternebel dringt, wirken die langen Schatten der großen Steinformationen ringsum durchaus bedrohlich. Jetzt beißt sich in den Felsen die Kälte fest.

Schon als Novize faszinierten mich die Felsriesen. Immer noch kraxele ich mit meiner Kamera durch den steilen Wald, um sie zu besuchen – auch im Winter, bei Nebel, Schnee oder Eis. In meinen wenigen freien Stunden suche ich den besonderen Moment, warte auf ihn und fange ihn mit der Kamera ein. Licht und Jahreszeit schaffen ihre jeweils eigene Atmosphäre. Selbst vertraute Orte offenbaren immer wieder neu Vielfalt und Schönheit.

Der Januar ist für mich als Gärtner die Zeit des Innehaltens und der Bestandsaufnahme. Wie lief es im letzten Jahr? Was ist gelungen? Welche Mengen konnten wir ernten und verarbeiten? Ich sitze an meinem Schreibtisch über Notizen und Tabellen und rechne die unterschiedlichen Posten zusammen. Hinter den Zahlenreihen verbergen sich viele Stunden, Tage und Wochen, die ich im Garten verbracht habe. Körbe voller Artischocken und Ringelblumen, Säcke voller Kartoffeln, Steigen voller Gemüse, Tomaten, Gurken, Salat und Kräuter.

Konnten wir durch den Verkauf von Likören, Cremes, Tees, Destillaten, Essig und manchem mehr genug Geld erwirtschaften, um einen Beitrag zu leisten, das riesige Kloster weiterhin zu unterhalten? Oder haben wir etwas versäumt?

Es gilt bei allem Wirtschaften immer auch mit den vorhandenen Ressourcen, auch mit den eigenen Kräften, zu haushalten. Wir sind im Garten nur zwei Brüder – Br. Markus und ich. Und wir sind auch nicht mehr die Jüngsten. Mit Eberhard Maier und Edgar Schömbucher, unseren zwei Angestellten, die jeweils halbtags arbeiten, und Br. Wendelin im Obstbau können wir einiges bewegen. Aber wir müssen auch aufpassen, uns nicht zu übernehmen.

Letztendlich geht es um Harmonie – die richtige Balance zwischen Arbeit und Ruhe, Herausforderungen und Routine – denn die Seele muss bei allem mitkommen.

Es gilt, die eigenen und die fremden Ansprüche mit der Wirklichkeit in Einklang zu bringen. Zu klären, was nötig und wichtig ist – und was eben nicht. Eine wesentliche Frage bei der Betrachtung der Sinnhaftigkeit allen Tuns lautet: Wozu bin ich hier? Und was kann, was muss ich leisten? Wir leben in einer Zeit, die sehr dynamisch ist. Da braucht es innere Stabilität.

Ich schaue zurück und gleichzeitig nach vorn: Was wollen wir im neuen Jahr anders und vielleicht besser machen? Gibt es etwas, was wir noch nicht ausprobiert haben? Will ich mich vielleicht noch einmal an etwas ganz Neues wagen?

Vor drei Jahrzehnten versuchte ich es mit dem Anbau von Artischocken. Meine Mitbrüder schüttelten nur den Kopf, als ich das mediterrane Gemüse im eisigen Donautal anbaute. Ihre Bedenken waren berechtigt, aber der Versuch glückte. Aus den Blättern der Artischocken stellen wir ein weinhaltiges Getränk her und verkaufen dieses im Klosterladen und anderswo.

Seit der Antike ist die Artischocke als Heilpflanze bekannt. Artischockenblätter enthalten Polyphenole und Flavonoide, die den Cholesterinspiegel senken und den Fettstoffwechsel anregen. Ihre Bitterstoffe helfen auch bei Magen-Darm-Beschwerden.

Auch Lavendel, Beinwell, Kamille und Ringelblume wachsen bei uns im Tal. Aus ihnen stelle ich alkoholische Auszüge her, die dann für unsere kosmetischen Cremes verwendet werden.

Auf den Anbau exotischer Früchte wie Ananas werde ich mich nicht einlassen. Kein vernünftiger Gärtner im Donautal würde das tun. Wir bauen im Klostergarten nur Pflanzen an, die sich bei uns wohlfühlen und gut wachsen und gedeihen können.

Früher war es im Winter oft besonders hart für uns Gärtner, weil das Gewächshaus noch mit einem großen Ofen beheizt wurde, der nicht ausgehen durfte. Mehrmals am Tag und auch spätabends war es notwendig, Koks und Holz nachzulegen. Doch diese Zeit ist zum Glück vorbei. Irgendwann hat der alte Ofen seinen Geist aufgegeben. Und mit dem Bau eines neuen Gewächshauses kam auch eine neue, moderne Heizungsanlage. Aber auch heute gilt es, das Ganze im Auge zu behalten. Denn jede Technik versagt irgendwann. Und dann muss man gegensteuern.

Ich kämpfe mich durch das Schneetreiben bis zum Eingang des Gewächshauses. Momentan säe ich hier nur Feldsalat, Rucola und Petersilie aus. Diese Pflanzen brauchen nicht meine ständige, intensive Fürsorge. Daher ist für mich jetzt auch die Zeit reif dafür, längere Pausen zu machen, um Kraft für neue Aufgaben zu sammeln.

*

Der Wechsel zwischen Arbeit und Gebet, Aktion und Ruhe, Reden und Stille bestimmt den Tagesablauf im Kloster Beuron. Wie in allen Benediktinerklöstern prägt auch bei uns der Geist der Regula Benedicti, der Ordensregel, die Benedikt von Nursia vor mehr als 1400 Jahren verfasst hat, das gemeinschaftliche Leben im Konvent.

Jeder von uns Mönchen im Donautal versucht seinen eigenen Weg der Gottsuche zu gehen, seine Begabungen einzubringen und mit seinem Leben dem einen Ziel der Benediktsregel zu entsprechen: *dass in allem Gott verherrlicht werde.* Zur Klostergemeinschaft, die vom Erzabt geleitet wird, gehören derzeit 17 Brüder, das heißt Mönche ohne Priesterweihe, und 16 Patres.

Jeden Tag weckt uns um 4:40 Uhr die Hausglocke zum Morgenlob. 20 Minuten später ziehen wir in den Chor ein und beginnen den Tag mit der Bitte: *Herr, öffne meine Lippen, damit ich deinen Ruhm verkünde!* Wir singen die alten, überlieferten Psalmen, hören Texte aus der Heiligen Schrift und aus der kirchlichen Tradition. Und wir schweigen, um auch in der Stille die Erfahrung von Gottes Gegenwart zu machen.

An die einstündige Morgenhore schließt sich eine Zeit der persönlichen Stille und Textbetrachtung an. In dieser Zeit steht im Refektorium auch schon das Frühstück bereit. Wir essen im Schweigen. Um halb acht kommen wir zur Terz – dem Gebet zur dritten Stunde – wieder im Chor zusammen. Danach begibt sich jeder an seinen Arbeitsplatz. Um 8 Uhr treffe ich mich mit Br. Markus und unseren beiden Angestellten, vorher streife ich mir meine grüne Arbeitskleidung über. Gemeinsam gehen wir, nachdem wir kurz besprochen haben, was an diesem Tag zu tun ist, ans Werk.

Um Viertel vor elf unterbrechen wir Mönche unsere Arbeit, sammeln uns im Kreuzgang und ziehen dann zur feierlichen Konventmesse in die Klosterkirche ein. Der gregorianische Choral gibt dem Gottesdienst ein besonderes Gepräge. Gemeinsam feiern wir auf diese Weise täglich die Gegenwart Gottes in der Eucharistie.

An die Mittagshore, die wir um Viertel nach zwölf wieder im Chor beten und singen, schließt sich das gemeinsame Mittagessen im Refektorium an. Während des Essens, das wir wieder im Schweigen einnehmen, gibt es eine Tischlesung aus der Heiligen Schrift, der Regel des heiligen Benedikt, dem Heiligenkalender, aber auch aus anderen Büchern: Biografien, Reiseberichte, Geschichtliches, Wissenswertes aus Kirche und Gesellschaft wechseln einander ab. Den Tischdienst und auch das Vorlesen übernehmen abwechselnd verschiedene Brüder.

Von 13 bis 14 Uhr ist Mittagsruhe. Danach kehrt jeder Mönch an seinen Arbeitsplatz zurück. Wir arbeiten bis etwa Viertel vor sechs, dann kommen wir aus allen Richtungen wieder im Kreuzgang zusammen, bevor wir zur Vesper, dem auf Lateinisch gesungenen Abendlob, in das Chorgestühl der Kirche ziehen.

Dank sagen für alles, was uns an diesem Tag zuteilwurde oder was wir recht vollbracht haben, wie es der heilige Basilius formuliert – darum geht es.

*

Auch beim Abendessen im Refektorium wird vorgelesen. Anschließend sind alle zum Austausch über den Tag eingeladen, wir nennen diese Zeit »Rekreation«. Im Sommer treffen wir uns dazu im Garten, bei schlechtem Wetter und in der kühleren Jahreszeit in einem gemütlich eingerichteten Raum im Kloster. Jeder kann erzählen, was er heute erlebt hat. Fünf Minuten vor acht ruft die Glocke zum Nachtgebet, der Komplet. Damit klingt der Tag aus. Wir legen den Tag zurück in Gottes Hand und bitten um Schutz für die Nacht. Dann heißt es Silentium – still gehen wir in unsere Klosterzellen. Dies ist eine sehr schöne Zeit für mich. Ich kann nachdenken oder mich mit meinen Fotografien beschäftigen.

Manchmal lese ich noch einen Moment und schlafe oft dabei ein.

*

Das Leben im Kloster ist einfach und anspruchsvoll zugleich. Auch nach 38 Jahren in Beuron bleibe ich als Mönch ein Suchender. Zeiten der Stille und der geistlichen Auseinandersetzung, ganz persönlich und im gemeinsamen Gottesdienst, wechseln mit der alltäglichen Arbeit ab. *Ora et labora* – bete und arbeite. Ich folge meiner Berufung, die ich heute noch genauso empfinde wie damals, als ich mich für das Klosterleben entschieden habe. Unsere Gemeinschaft ist inzwischen leider, wie fast alle Benediktinerkonvente in Deutschland, überaltert. Ich gehöre mit meinen 60 Jahren noch zu den jüngeren Brüdern. Im Schnitt nehmen wir derzeit nur jedes dritte oder vierte Jahr einen Novizen in unsere Gemeinschaft auf, wenn überhaupt. Und natürlich bleibt nicht jeder dabei. Auch von den Älteren sind schon welche ausgetreten.

Manchmal denke ich, wir müssen als Klostergemeinschaft einfach noch eine Weile überwintern, auf bessere Zeiten warten. Früher war es anders, das Kloster kennt durchaus lange Zeiten der Blüte. Nachdem die Benediktiner vor fast 160 Jahren die Abtei wiederbesiedelten, begann ein unheimliches Wachstum. Zeitweise lebten fast 300 Mönche in der Erzabtei St. Martin, dem Stammkloster der Beuroner Kongregation, zu der 18 Klöster gehören. Es waren so viele Mitbrüder hier, dass das Kloster mehrfach erweitert werden musste – und man schickte Brüder und Patres aus, um andere Orte zu besiedeln. Heute sind wir noch 33 Mönche im Kloster Beuron.

*

»Ist das still hier«, sagen manche Besucher, die als Gast über Nacht bei uns bleiben.

Neben der Feier des Stundengebets gehört die Aufnahme von Gästen zu den wichtigsten Aufgaben der Benediktiner. *Alle Fremden, die kommen, sollen aufgenommen werden wie Christus*, heißt es dazu in der Benediktsregel. Und das versuchen wir zu leben. Jede und jeden mit einem Lächeln zu begrüßen.

Außerdem arbeiten wir als Brüder und Patres in den verschiedenen Bereichen und Werkstätten der Erzabtei; beispielsweise an der Klosterpforte, im Gästehaus, im Verlag, dem Archiv, der Schreinerei, Buchbinderei oder Elektrowerkstatt, im Garten, der Obstplantage, dem Mostkeller oder der Imkerei. Jeder Einzelne trägt auf seine Weise zum Leben der Gemeinschaft bei.

Aber weil es in Beuron immer weniger Mönche sind, die sich die Arbeit aufteilen, die getan werden muss, wird es nicht einfacher, angesichts der Fülle von Aufgaben persönlich die Ruhe zu bewahren. Den Wandel auszuhalten. Das Schwinden der Kräfte und die immer neuen Herausforderungen des Alltags in einem Kloster, das für viele Außenstehende aus der Zeit gefallen zu sein scheint. Von manchem Vertrauten gilt es Abschied zu nehmen, weil wir dafür nicht mehr ausreichend personelle oder finanzielle Substanz haben. Das klingt nach Verlust.

Doch ich wage eine andere Sichtweise: Wenn unser Konvent Häuser und Grundstücke verkaufen muss, ist das nicht nur negativ. Im Gegenteil: Es ist eine Chance, Last loszuwerden.

Ich glaube an die Gnade der Veränderung. An die Kraft des Neuanfangs aus alten Wurzeln. Einen Weidenbaum oder einen Buchsbaum kann man sehr stark beschneiden, und doch wird er wieder neu austreiben und wachsen.

Der Wandel gehört zum Leben dazu. Das Blühen, Wachsen und Vergehen sind ein ewiger Kreislauf und ein Ringen. Der Garten zeigt mir die Vergänglichkeit, überall spiegelt sie sich wider, im Welken der Blumen, im Verdorren alter Triebe. Und an anderen Stellen blüht es neu auf. Es sind die Gegensätze, die Spannung erzeugen und uns wissen lassen, dass wir lebendig sind. Das Paradies, in dem uns alles ohne Mühe zufällt und miteinander im Einklang steht, bleibt ein Sehnsuchtsort – ein Ort, auf den wir uns erst im Jenseits freuen dürfen. Und ich bin mir auch nicht sicher, ob dann, wenn wir meinen, angekommen zu sein, nicht doch irgendetwas stört. Wir Menschen suchen oft den Fehler, auch wenn eigentlich alles perfekt zu sein scheint. Das Einzige, was wir endlos ertragen können, ist vermutlich die vollkommene und wahre Liebe Gottes. Das Leben im Diesseits wird immer bruchstückhaft bleiben.

*

Als Benediktinermönch habe ich mich an einen Ort gebunden – das Kloster Beuron. Unsere Ordnung, auf die ich mich verpflichtet habe, spricht von der »stabilitas loci«. Es geht um Beständigkeit. Damit ist nicht nur der geografische Ort gemeint, sondern auch die innere Einstellung – das *Bei-etwas-bleiben-Wollen*.

Zu wissen, wohin man gehört, das erleichtert vieles. Ich muss mir keine Gedanken machen, wo und wie ich leben könnte. Ob ich Arbeit habe, was ich verdiene. Ich arbeite viel und bekomme keinen Lohn. Essen, Trinken, Kleidung, Schuhe, etwas zu lesen – das habe ich. Dafür bin ich dankbar. Was braucht es mehr? Das meiste, an dem ich mich erfreue, bekomme ich geschenkt. Einfach so.

In der Natur unterwegs zu sein, das macht mich glücklich. Und ich nehme die Stille des Winters gerne an: Die klirrende Kälte, das Knacken der Äste unter der Schneehaube, die sich auf die Bäume legt, die klare Luft, der eisige Wind, der durch das Tal fegt – all das mahnt zur Demut und zum Respekt. Ich staune über die Schönheit der Eiskristalle am Fenster, die feinen Schlieren auf dem gefrorenen Wasser, das sich in den steinernen Becken der Gartenbrunnen sammelt.

Jeder Tag ist ein Neubeginn der Schöpfung. Selbst meine Schritte klingen auf dem Schnee oder gefrorenen Boden anders.

Mein Gang wirkt heute früh gedämpft, meine Schritte lassen die Eisdecke unter den Füßen knistern. Ich hinterlasse Spuren im Schnee auf dem Weg zum Fluss. Der Wind treibt die Schneeflocken vor mir her und verwischt die Fährten der Tiere, die vor mir auf den gefrorenen Wiesen unterwegs waren.

Der Wechsel der Jahreszeiten lehrt mich auch, gnädig zu sein gegenüber mir, anderen Menschen und gegenüber Umständen, die mir nicht gefallen. Die Widrigkeiten gehören zum Leben dazu – das Raue, Harte, Unerbittliche ebenso wie die Schönheit und das

Glück. Sanfte Momente voller Freude, die daherkommen wie ein Windhauch im Frühling, der nach Blüte riecht.

Ich denke an den herrlichen Geschmack einer Scheibe frischen Brotes, den würzigen Duft eines Kräutertees, den morgendlichen Gesang in der Klosterkirche und den Lichtschein, der auf die Bankreihe vor mir fällt. An ein strahlendes Lächeln, das Gefühl, jetzt und hier genau an der richtigen Stelle zu sein.

Die Schattenseiten gilt es anzunehmen: Spannungen in der Gemeinschaft, über die man nicht gern redet. Ungelöste, verschleppte Konflikte, die vor sich hin schwelen. Auch das ist Klosteralltag. »Es menschelt halt überall ...« Und es braucht Geduld und Barmherzigkeit mit Blick auf den anderen.

Wenn einer mit dem ihm anvertrauten Material schlampig umgeht, wenn Werkzeuge nicht richtig gereinigt werden und deshalb rosten – dann regt mich das auf. Oder wenn etwas verdirbt, beispielsweise gutes Obst oder Gemüse, weil ich mich selbst nicht sorgfältig genug darum gekümmert habe.

Auch der Garten braucht Pflege, Zuwendung und Geduld. Es gilt wachsam zu sein, selbst kleinste Veränderungen wahrzunehmen und immer wieder anzupacken. Aber erzwingen lässt sich nichts, vor allem kein Wachstum. Und Störungen gehören dazu: Heftige Regenfälle, andauernde Hitze, Frost oder Hagel setzen den Pflanzen zu. Ein Unwetter kann eine ganze Ernte vernichten. Schädlinge machen sich über die Pflanzen her, Schnecken fressen sich durch die frischen Triebe und hinterlassen eine hässliche Spur der Verwüstung im Salatbeet.

Wenn es gelingt, viele Setzlinge großzuziehen und am Ende eine gute Ernte einzubringen, ist dies immer auch ein Stück ein Geschenk.

Demut gehört zum Gärtnersein dazu. Zu wissen, dass man nicht alles selbst in der Hand hat. Ich habe Respekt vor dem Anderssein, dem Unverfügbaren. Und ich weiß um den Wert des Ungewollten und des Überraschenden. Da wächst an einer Stelle, an der man es nie vermutet hätte, plötzlich eine reiche Ernte heran. Und es wird einem so viel geschenkt!

Ohne ein gewisses Maß an Gelassenheit könnte ich die Arbeit im Garten nicht genießen.

*

Eine schwache Kerzenflamme strahlt im Dunkel, und eine einfache Speise wird zu einem Festmahl, wenn man hungrig ist. Die Sonnenstrahlen nach eisigen Wintertagen berühren Körper und Seele. Die Ruhe nach einem Sturm macht uns besonnen. Den äußeren Wandel mit allen Sinnen wahrzunehmen ist entscheidend, um das Glück im Augenblick zu finden. Es sind die Übergänge vom einen zum anderen, die es braucht, damit die Seele mitkommt.

*

Wie sehne ich mich an kalten Wintertagen nach den ersten Vorboten des Frühlings: Schneeglöckchen, zarten Trieben an Büschen und Bäumen oder den Schwänen, die aus dem Süden zurückkommen. Aber ich genieße auch die Schönheit des Moments, so wie im Januar das Eisblau des Himmels.

Der Wechsel von Wetter und Temperaturen, Naturgewalten und Ruhe, Wachstum und Stillstand macht das Dasein auf der Erde erst spannend.

Die Schöpfung ist ungezähmt, und doch folgt sie einem Grundprinzip: Leben weiterzugeben. Jede Pflanze hat ihren eigenen

Rhythmus und weiß um den richtigen Zeitpunkt zum Keimen, Wachsen, Gedeihen, Blühen und Reifen – und um zu vergehen. Das eine folgt auf das andere in einer natürlichen Abfolge.

Jedem Gärtner ist bewusst: Das Absterben ist Voraussetzung für neues Leben. In der Natur gedeihen artenreiche Biotope im Totholz. Moose und Pilze ziehen ihre Lebenskraft aus Tierkadavern. Zwischen Zersetzungsprozessen und neuem Leben gibt es fließende Übergänge.

Die Natur lehrt mich, das Sterben anzunehmen und zu bejahen. Sie hilft mir, geduldig zu sein und auf den richtigen Zeitpunkt zu warten, denn was dauerhaft sein soll, entsteht allmählich. Die Bibel stimmt damit überein und lehrt, dass alles Leben klein anfängt, Zeit braucht, um zu wachsen. Und dass wir es letztlich nicht in der Hand haben. Jesus erzählt dazu ein Gleichnis: *Siehe, ein Sämann ging hinaus, um zu säen. Als er säte, fiel ein Teil auf den Weg und die Vögel kamen und fraßen es. Ein anderer Teil fiel auf felsigen Boden, wo es nur wenig Erde gab, und ging sofort auf, weil das Erdreich nicht tief war; als aber die Sonne hochstieg, wurde die Saat versengt und verdorrte, weil sie*

keine Wurzeln hatte. Wieder ein anderer Teil fiel in die Dornen und die Dornen wuchsen und erstickten die Saat. Ein anderer Teil aber fiel auf guten Boden und brachte Frucht, teils hundertfach, teils sechzigfach, teils dreißigfach. Wer Ohren hat, der höre! (Mt 13, 3 ff.)

*

Es scheint, als wenn Pflanzen auf ihren Wandel warten, jede Veränderung wahrnehmen und darauf reagieren, als wären sie hellwach.

Ich blicke über den vereisten Klostergarten und spüre, dass in ihm alles ruht, was zum Leben und Überleben nötig ist. Aber alles hat seine Zeit, und dann geschieht, was geschehen soll. Samen keimen nur, wenn Temperatur und Feuchtigkeit stimmen. Es hat keinen Zweck, sie auszugraben, um nachzusehen, wie groß der Keimling ist. Das Wachstum eines Schösslings kann ich nicht beschleunigen, indem ich an ihm ziehe. Er wächst auf diese Weise nicht schneller – im Gegenteil: Ich erschwere und verlangsame seine Entwicklung. Pflanzensamen werden vom Wind verbreitet, von Tieren weitergetragen oder vom Wasser weitergeschwemmt. Pflanzen tragen die Schöpfungssehnsucht nach Leben, Veränderungen und Neuanfängen in sich.

Wenn eine Staude ausgetrocknet ist, wird sie den nächsten Regen nicht verpassen, weil sie gerade mit etwas anderem beschäftigt ist. Sie wird das Wasser mit allem, was sie nutzen kann, aufsaugen, weiterleiten und speichern, um weiterzuleben.

Für mich als Mönch bedeutet das: Ich muss wach und offen sein. Und ich glaube, dass alles, was ich zum Leben brauche, schon da ist. Vieles oder vielleicht alles, was wir an nicht Materiellem schätzen – Liebe, Vertrauen und manches mehr –, können wir nur mit offenen Händen empfangen. Es lässt sich nicht »machen« und auch nicht kaufen.

Uns Menschen geht es wie allen Wesen in der Natur: Wir können uns keine Vorräte anlegen, die bis zum Lebensende reichen, um uns so in scheinbarer Sicherheit zu wiegen. Denn das meiste ist vergänglich. Dass wir nie alles verfügbar haben, das macht das Leben aus.

Und wenn wir alles hätten, was würde uns dann noch am Leben reizen? Jede Veränderung wäre unser Feind. Wer vor allem damit beschäftigt ist, Geliebtes zu bewahren oder Vertrautes festhalten zu wollen, verpasst die Chance, sich selbst weiterzuentwickeln. Und dauerhaft festhalten können wir ohnehin nichts. Aber ich darf gelassen bleiben. Denn mein Glaube gibt mir die Gewissheit, dass alles, was ich brauche, irgendwann zur rechten Zeit da sein wird.

FEBRUAR ❦ Schätze sammeln

Das Obere Donautal und den Heuberg nennt man auch »Schwäbisch-Sibirien«, denn hier ist es feuchter und kälter als im restlichen Land Baden-Württemberg. Und der Winter verweilt auch länger als in anderen Regionen. Schnee und Kälte legen sich über die Wiesen und umklammern das Kloster. Das Thermometer zeigt minus 13 Grad Celsius, und es weht ein scharfer Ostwind. Seit einiger Zeit liegt auf den Wiesen vor dem Kloster Pulverschnee, der das Gras und die Kulturpflanzen zudeckt. Der Winter war bis jetzt für hiesige Verhältnisse recht mild – viel zu mild. Normalerweise ist das Gras zu Jahresbeginn durch Kahlfröste erfroren und sieht graubraun und tot aus. Dieses Jahr war vieles noch grün!

*

Mein Gefühl hat mich nicht getäuscht, ich war mir sicher, dass der Winter sein wahres Gesicht bald zeigen wird. Und tatsächlich, jetzt ist er doch noch gekommen – und wie! Bei Tageshöchsttemperaturen von minus 10 Grad Celsius trotz Sonnenschein und nachts bis zu minus 23 Grad Celsius hat der Frost das Tal fest im Griff.

Mit meinem Messer schneide ich Späne von einem Holzscheit und feuere damit den Ofen des großen Destillierkessels an. Der aromatische Duft der Apfelmaische mischt sich mit dem würzigen Geruch des brennenden Holzes. Schnell lege ich, nachdem sich etwas Glut gebildet hat, weitere Scheite nach. Danach reibe ich mir die Hände und schaue den Flammen zu. Doch es bleibt wenig Zeit für stille Betrachtungen, denn es gibt viel zu tun. Mit dem Hubwagen fahre ich den schweren Bottich mit der Apfelmaische, den ich tags zuvor aus dem Gärkeller geholt habe, an den Brennkessel. Es braucht etwa 11 Kilo Maische für einen Liter Apfelbrand mit 40 Prozent Alkohol.

Unser Kloster hat seit vielen Jahren das Recht, eine eigene Brennerei zu betreiben. Lange war es nicht genutzt worden, deshalb wäre beinahe das Brennrecht verfallen. Im sogenannten Mostereigebäude stand außer der großen Mostpresse auch noch ein altes Destilliergerät. Als ich davon erfuhr, war ich wie elektrisiert. Da ich gerne etwas Neues anfange, das mich herausfordert, und auch gerne experimentiere, hat es nicht allzu lange gedauert, bis ich wusste, was zu tun war. Vieles habe ich mir angelesen, mit Spezialisten gesprochen – und dann richtig Lust gehabt, auszuprobieren, wie es am besten gehen könnte.

Der damalige Klosterverwalter und heutige Erzabt Tutilo hat mich ermuntert, die Brennerei wieder zu neuem Leben zu erwecken. Er gab zu meiner Freude auch direkt sein Ja zum Kauf einer neuen Destillieranlage, einem kupfernen Kessel, in dem eine Maische aus vergorenen Früchten so lange erhitzt wird, bis sich der gereinigte Alkohol (Ethanol) zusammen mit den feinen Aromastoffen dampfförmig abtrennt. Durch die kupferne Apparatur steigt das Destillat auf, wird dann abgekühlt, kondensiert und sammelt sich konzentriert in einem Edelstahlbehälter.

Es war mir damals, als es um die Neuausstattung der Brennerei ging, wichtig, einen Brennkessel zu bestellen, der mit Holz befeuert wird. Das ist zwar etwas aufwendiger als der Betrieb eines Ölbrenners, aber es schafft eine wunderbare Atmosphäre.

Nach und nach haben sich mir im Laufe der Jahre die Geheimnisse der Brennerei erschlossen. Das Schöne dabei ist: Ich lerne immer wieder dazu, werde von manchen Entwicklungen überrascht, und es gilt, neue Herausforderungen zu meistern.

Die Destillation der Apfelmaische ist in vollem Gange, die Hitze in der Brennblase nimmt weiter zu, das Thermometer zeigt inzwischen 80 Grad. Jetzt muss ich aufpassen, damit sich die Maische nicht zu stark erhitzt, weil sich das später negativ auf das Aroma auswirken kann. Nun beginnt die alles entscheidende Phase beim Destillieren, denn ab jetzt gilt es, den Brennkessel ganz genau zu beobachten und stets die Temperatur im Auge zu behalten. Die Temperatur darf nun nur noch ganz langsam ansteigen, damit der Brand gelingt und das Destillat am Ende gut schmeckt.

Obst haben wir hier im Tal reichlich. Als Obst- und Kellermeister des Klosters kümmert sich Br. Wendelin um die Zwetschgen, Kirschpflaumen, Mirabellen, Birnen und Quitten – und vor allem um die rund 600 Apfelbäume. 46 hochstämmige und zum Teil alte Sorten gibt es im Klostergarten, auf der großen Streuobstwiese entlang der Bahnlinie und auf dem Gelände der ehemaligen Ökonomie. Innerhalb des Klosters ist dies ein eigener Bereich, ebenso wie auch der Garten, den Br. Markus und ich bewirtschaften.

Bei der Apfelernte im Herbst engagieren sich auch ehrenamtliche Helfer aus den umliegenden Gemeinden, wenn es eine reiche Ernte gibt, sonst wäre das alles gar nicht zu leisten. Manche Mitarbeiterinnen und Mitarbeiter kommen von weit her, um dabei zu sein – selbst vom Bodensee oder aus dem Schwarzwald. In einem Jahr haben wir gemeinsam rund 30 Tonnen Äpfel eingebracht!

Ein Großteil der Ernte wird auswärts gepresst, als Süßmost abgefüllt und vermarktet. Etwa fünf Tonnen Äpfel pro Jahr werden in der klostereigenen Mostpresse gekeltert – für den Eigenverbrauch bei Tisch und als Grundlage für unseren Apfel-Balsamico-Essig. Mönche und Gäste trinken pro Jahr rund 1500 Liter Sauren Most. Dieser lagert zusammen mit den Weinvorräten in großen Fässern im barocken Gewölbekeller unter dem Chorraum der Abteikirche.

Den Apfel-Balsamico-Essig stellen wir im Kloster aus reinem, frisch gepresstem Apfelsaft her. Gut 800 Liter Saft werden durch schonendes Einköcheln auf die Hälfte reduziert. Bei der Weiterverarbeitung bleibt ein Teil des Fruchtzuckers erhalten. Dies sorgt später für das milde, angenehme Aroma des fertigen Essigs. Aus einem Teil unserer Äpfel stelle ich Apfelbrand her, der etwa ein Jahr lang im Eichenfass lagert, bevor er verkauft wird. Auch Quittengeist, Quittenlikör, Schlehenlikör, Holunderblütenlikör, Kirschpflaumengeist und manches mehr haben wir im Sortiment.

Wer das herrliche Aroma reifer Früchte zu Obstbränden und Obstgeist veredeln will, braucht Zeit, Geduld und Liebe zum Detail. All das bringe ich gerne auf, auch wenn es oft lange Tage sind, vom morgendlichen Anheizen des Ofens bis zum fertigen Destillat. Bei knackiger Kälte den Kessel zu befeuern, beständig auf die Temperatur zu achten und zu erleben, wie nach Stunden des Wartens der reine, duftende Alkohol aufsteigt – das ist ein wunderbares Erlebnis.

Am Ende wird das Destillat mit Wasser auf die gewünschte Trinkstärke verdünnt, abgeschmeckt und dann auf Flaschen gezogen. Das Abfüllen geschieht in einem Kellerraum im Kloster. Dort stellen Br. Markus und ich auch die aromatischen Pflanzenauszüge her, die später als Grundlage für verschiedene Cremes, Liköre und Magenbitter dienen.

Das Herstellen, Abfüllen und Etikettieren der meisten unserer Produkte können wir nur im Winter leisten, weil wir zu dieser Zeit die nötigen Freiräume dafür haben, da der Garten nicht permanent unsere Fürsorge braucht.

Wenn die Flaschen abgefüllt sind, endet die Zeit des Bearbeitens und Verwertens. Neue Pflanzen sprießen derweil im Gewächshaus. Vollendung und Neuanfang gehen fließend ineinander über.

Wunderbar der Moment des Verkostens, wenn alles harmonisch zueinanderpasst. Zu merken: Ja, es ist so geworden, wie es sein sollte. Auch der Weg bis dahin ist ein guter. Es macht mir große Freude, zu sehen, wie die Kräuter und Früchte heranwachsen. Anbau, Ernte und Weiterverarbeitung erfolgen in reiner Handarbeit, wodurch gewährleistet ist, dass nur gesunde und einwandfreie Pflanzenteile verwendet werden. Der Geruch der frisch geschnittenen Kräuter, die leuchtenden Farben der Obstbäume im Tal – das ist für mich ein sinnliches Erlebnis.

Wenn im August eine kleine Schar von Mitbrüdern auf die Wiesen nahe der Kapelle St. Maurus zieht, um dort Zwetschgen und Mirabellen für die Weiterverarbeitung in der Klosterküche einzubringen, bekomme ich leuchtende Augen. Denn ich freue mich auf den Duft der Marmelade, das Kompott und den frischen Most.

Mit der Pflege der Apfel- und Obstbäume ist Br. Wendelin in der kalten Jahreszeit von früh bis spät beschäftigt. Ab November bis in den Februar oder März steht der Winterschnitt an. Je nach Wetterlage ist mein Mitbruder dann mit Leiter und Schneidewerkzeug unterwegs. Er entfernt überflüssige Äste, damit kein Wildwuchs entsteht, der im Laufe der Zeit den Ertrag mindern würde.

*

Schon als junger Gärtner gefiel es mir, frische Kräuter zu säen und zu ernten.

Ich mag den Geruch, das Haptische, die Farben. Es war eine organische Entwicklung, dass mein Interesse und der Rat eines Destillateurmeisters mich irgendwann vor etwa 25 Jahren an den Punkt brachten, einen eigenen Weg zu suchen, um das Angebot der Klostergärtnerei zu erweitern. Damals wurde in unserem Garten sehr viel Gemüse angebaut: Blattsalate, verschiedene Kohlsorten, Zwiebeln, Lauch, Spinat, Karotten, Rote Bete und vieles mehr. Das, was wir für den eigenen Bedarf brauchten, kam direkt in die Küche, der Rest wurde verkauft. Aber das lohnte sich im Laufe der Zeit nicht mehr. Denn wir können als Klosterbetrieb auf Dauer nicht mithalten, wenn es darum geht, wirtschaftlich zu arbeiten, um Gemüse zu einem marktgerechten Preis anzubieten.

Als Br. Wilhelm, der alte Gärtnermeister, aus gesundheitlichen Gründen nicht mehr im Garten arbeiten konnte, habe ich erst einmal einige Zeit so weitergemacht, wie ich es von ihm gelernt hatte. Aber irgendwann bekam ich Lust auf mehr. Damals habe ich einige Bücher über Kräuterkunde und alte Hausmittel wie Salbei, Lavendel, Ringelblume, Johanniskraut, Schafgarbe, Brennnessel, Sonnenhut oder Weidenröschen gelesen und mich umgehört. Eine scheinbar zufällige Begegnung, die sich als Fügung entpuppte, wurde zum Türöffner: Ich lernte ein neuartiges Verfahren kennen, um aus Kräuterauszügen Weine und kosmetische Cremes herzustellen. 1995 haben wir die ersten Produkte in unserem Klosterladen angeboten.

Mir gefallen das Wiegen und das Austarieren der Mengen. Es macht mir Freude, zu experimentieren und immer wieder etwas Neues zu wagen. Ich verändere Zutaten, suche nach dem perfekten Weg, bis etwas so ist, wie ich es mir vorgestellt habe. Das gilt auch für den Geschmack von Likören, Bränden oder Magenbitter.

Auch den Grundstoff für unseren Magenbitter stellen wir selbst her. Momentan experimentiere ich an einem neuen »Bitterle«, der weniger Alkohol als die klassischen Sorten enthalten soll.

Einmal traf ich einen Freund des Klosters, der hervorragende Kräuterschnäpse und Obstbrände herstellte, und durfte ihm über die Schulter schauen. Da dachte ich: Das will ich auch versuchen. Und so ging es Schritt für Schritt weiter.

Den meisten unserer Produkte liegen eigene Rezepte zugrunde, die ich mitentwickelt habe.

*

Den Likör, die Obstbrände, den Magenbitter und einiges mehr füllen wir selbst in Flaschen ab, die wir dann per Hand etikettieren und verpacken. Die fertige Ware lagert im Kellergewölbe, bis sie für den Verkauf und den Versand abgeholt wird. Früher habe ich auch das selbst gemacht. Heute kümmert sich darum der Vertrieb und die Versandabteilung des Beuroner Kunstverlages. Ein Teil der Ware wird auch direkt im Klosterladen verkauft. Die Produkte aus unserer Gärtnerei haben viele Liebhaber und Liebhaberinnen in ganz Deutschland gefunden.

Der Erfolg unserer Arbeit ermutigt uns, trotzdem wollen wir nicht der Versuchung erliegen, die Produktion um jeden Preis auszuweiten. Ich habe durchaus schon darüber nachgedacht: Was wäre, wenn wir ein Angebot bekämen, dass uns jemand eine größere Menge an Likören, Obstbränden, Magenbitter und Kräuterweinen abnehmen würde?

Selbstverständlich würde ich dann mit dem Cellerar des Klosters darüber sprechen, aber es bliebe keine Wahl, wir müssten am Ende das Angebot ablehnen. Denn selbst wenn wir unsere Kapazität ausweiten, mehr Kräuter anbauen und noch Obst dazukaufen könnten, um die Produktion zu steigern, würde das alles keinen Sinn ergeben. Wir bräuchten größere Lagerflächen, eine leistungsfähigere Destille, eine größere, automatisierte Abfüllanlage und Angestellte, die uns helfen, all das zu betreiben.

Aber auch das ist nicht der alleinige Grund für mein Nein, denn irgendwie machbar wäre dies vermutlich. Man könnte Teile der Produktion auslagern, und ich könnte mich darauf beschränken, alles zu managen. Aber ich bin Mönch und Handwerker, kein Manager. Ich liebe mein Leben, so wie es ist. Sicherlich braucht das Kloster Einnahmen. Aber der Entschluss, die Produktion massiv zu steigern, würde einen unheimlichen Druck aufbauen. Am Ende würde es meine Mitbrüder und mich überfordern, da bin ich mir sicher. Und die Gefahr, dass wir dabei unsere eigentliche Bestimmung aus den Augen verlieren, wäre sehr groß.

Gut zu wissen, wo man steht. Für mich ist klar: Ich bin nicht vor 38 Jahren als Mönch nach Beuron gekommen, um primär Ertrag und Gewinn zu steigern, sondern um Gott zu suchen und ein gelingendes Leben zu führen.

Jede und jeder trifft tagtäglich Entscheidungen, deren Tragweite am Anfang nicht absehbar ist. Einige solcher Entscheidungen binden uns auf Jahre.

Da fragt uns jemand, ob wir beruflich den nächsten Schritt gehen möchten. Das Angebot klingt verlockend, das *Mehr* an Verantwortung, Entscheidungskompetenz und Verdienst lockt uns. Aber am Ende geraten wir tiefer und tiefer in ein Geflecht von Anforderungen und Abhängigkeiten, von Zu-viel-Wollen.

Ich weiß, wovon ich rede: Als wir vor mehr als zwei Jahrzehnten rund 30 000 D-Mark in die Ausstattung für die neue Brennerei investiert haben, musste ich kurz schlucken. Denn mir wurde schlagartig klar, dass diese Summe auch wieder erwirtschaftet werden muss. Ich sah mich in der Verantwortung und habe mich all die Jahre engagiert, um meinen Teil dazu beizutragen, dass sich der wirtschaftliche Erfolg auch einstellt. Das ist erfreulicherweise gelungen. Aber ein gewisser Druck war durchaus da.

Es ist wichtig, das Wollen zu begrenzen, nicht jedem neuen Trend hinterherzulaufen, sondern auf Kontinuität und das richtige Maß zu setzen.

So viel wie nötig, ja – aber nicht immer mehr. An dieser Stelle das Notwendige vom Überflüssigen zu unterscheiden, haben viele verlernt.

Natürlich habe ich als Gärtnermeister auch gelernt, gründlich zu kalkulieren. Ich führe gewissenhaft Buch und stelle fest, ob wir in diesem Jahr mehr oder weniger als in vergangenen Zeiten hergestellt und verkauft haben. Meist gibt es dafür eine plausible Begründung. Wie kam es dazu? Ich denke an herrliche Frühlingstage, nicht zu kalt und nicht zu nass. Aber auch an den Dauerregen im Mai, der die halbe Ernte verdorben hat. Oder an den Tag, als mir ein Glasballon mit 20 Litern hochprozentigem Absinth auf den Boden fiel, weil der Korb zerbrochen war. Dass es danach im ganzen Keller herrlich nach Absinth gerochen hat, war nicht einmal ein schwacher Trost. So etwas ist ärgerlich. Aber mein Glück hängt nicht daran.

Wir können keine Erntemenge im Voraus bestimmen, keine Kräuter dazu zwingen, schneller und größer zu wachsen. Bei aller Mühe – es kommt, wie es kommt. Und es ist gut so.

Nie möchte ich in die Situation geraten, irgendein Soll auf Gedeih und Verderb erfüllen zu müssen. Das Glück finde ich im Garten und in der Natur – und es hängt nicht an Ertrag und Gewinn.

Das, was wir Gärtner in Beuron produzieren – oder, besser: wachsen lassen –, alles, was die Natur uns schenkt, hat seinen Wert in sich. Wir genießen die Früchte des Gartens, das gute Gemüse, das Obst, den Most.

Der Erlös, den wir aus dem Verkauf der Cremes, Salben und all dem anderen, was wir herstellen, erzielen, dient dem Unterhalt des Klosters. Es wäre schlecht, wenn wir in manchen Jahren deutlich weniger anbieten und verkaufen könnten. Aber ich bekomme keine Vorgaben von irgendwem. Der Cellerar, der wirtschaftliche Leiter des Klosters, weiß darum, dass Gartenarbeit ein Prozess mit offenem Ausgang ist. Sicherlich lässt sich manches planen. Ich bin fleißig, arbeite so sorgsam wie möglich und beobachte die Entwicklungen, um im richtigen Moment zu handeln: zu säen, zu pflegen, zu ernten. Aber am Ende liegt vieles trotzdem nicht in meiner Hand. Wachstum ist ein Geschenk. Ebenso wie eine gute Ernte. Das zu begreifen ist heilsam.

*

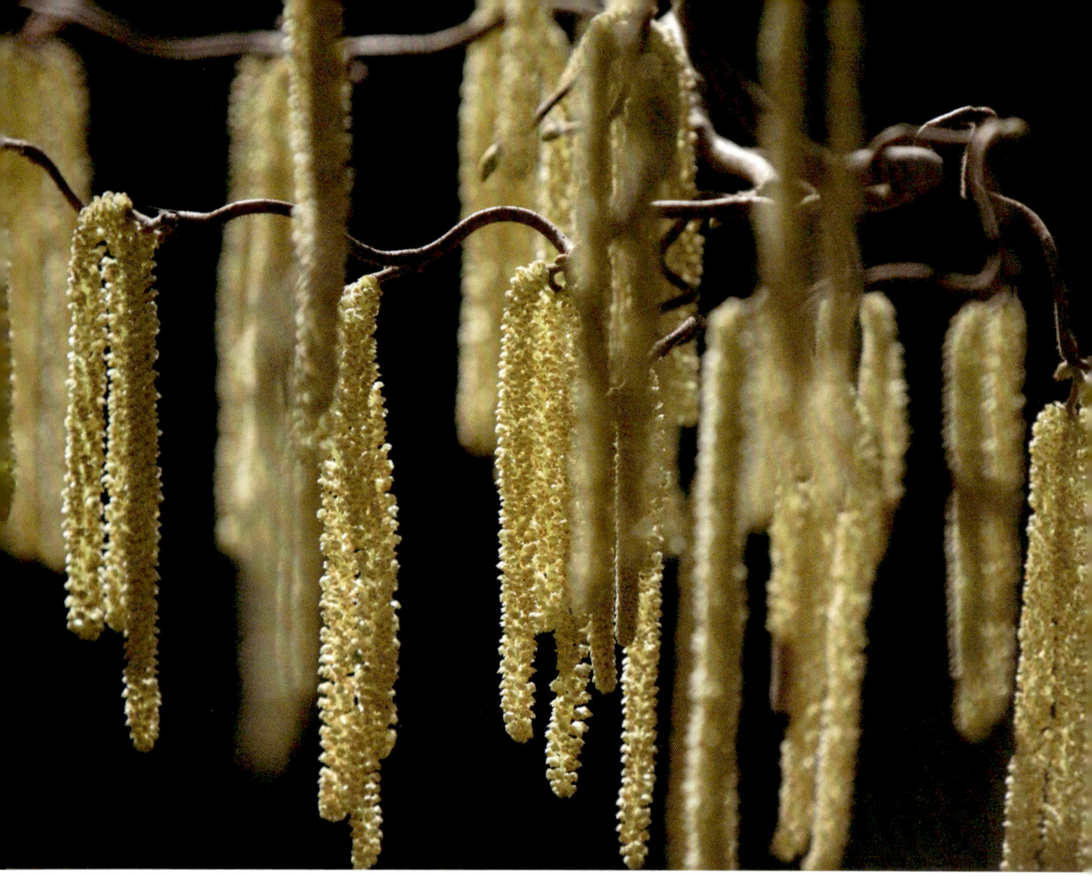

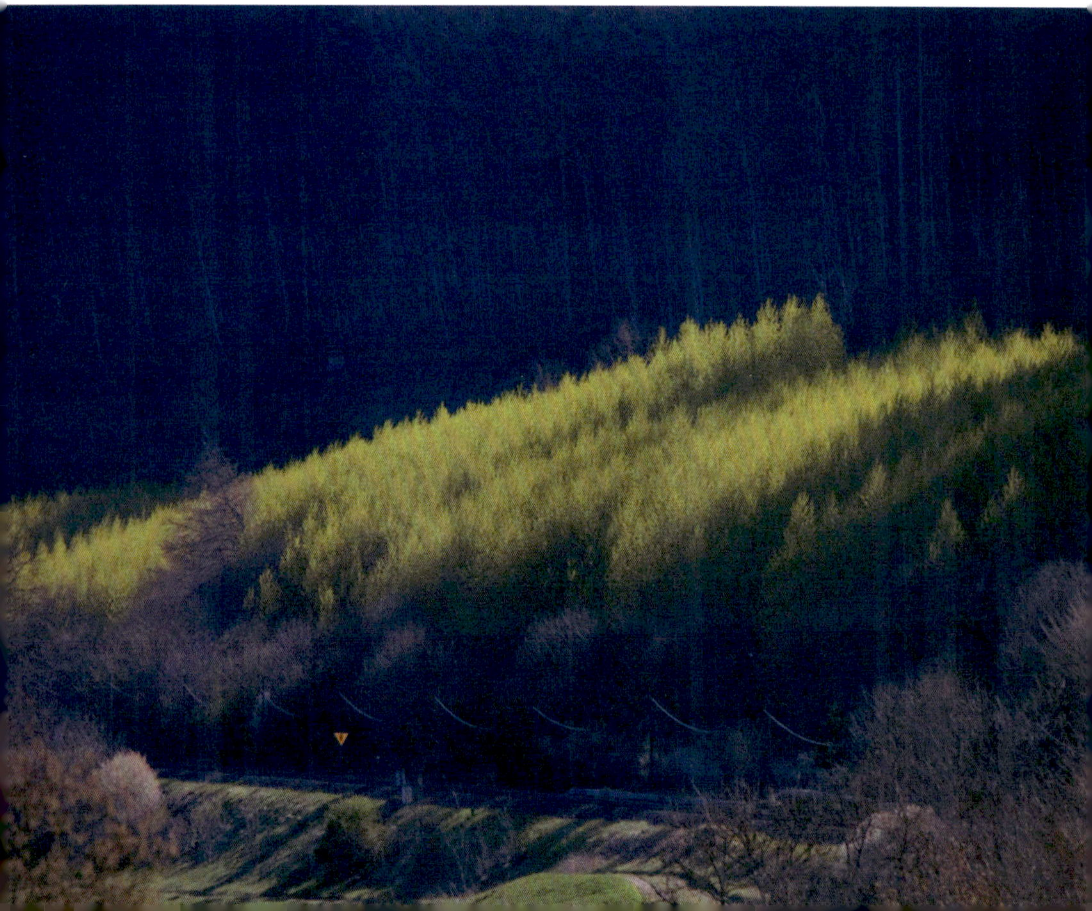

Ich freue mich an der unglaublichen Kraft, die in der Schöpfung steckt. Manches dürfen wir uns zunutze machen – uns das nehmen, was wir zum Leben brauchen. Aber ausbeuten dürfen wir die Natur nicht.

Immer mehr zu produzieren, zu kaufen, zu genießen und zu verbrauchen; immer leichter zu leben – das scheint verlockend. Aber es führt in eine Sackgasse.

Denn es funktioniert einfach nicht! Und es macht uns nicht glücklich!

An vielen Stellen merken wir längst, welchen Preis es hat, wenn wir die Natur ohne Rücksicht ausbeuten und gegen die Schöpfung arbeiten. Hier liegt meines Erachtens ein ganz wesentliches Problem, eine massive gesellschaftliche Fehlentwicklung: Unser Wirtschaftssystem ist auf dauerhaftes Wachstum angelegt. Die permanente Steigerung von Umsatz und Gewinn soll unseren Wohlstand garantieren. Aber ist das wirklich so?

Auf den ersten Blick scheint das gegenwärtige Wirtschaftssystem uns tatsächlich zu nützen, weil viele Waren zu erschwinglichen Preisen erhältlich sind. Möglich ist dies, weil sie in großen Stückzahlen hergestellt werden. Menschen haben bei der Produktion oft nur noch einen geringen Anteil an der Wertschöpfung. Dahinter steckt ein ausuferndes Profitstreben.

Viele Waren bräuchten wir gar nicht für ein erfülltes Leben. Ich denke dabei an die Wahnsinnsfülle von Lebensmitteln, die in den Supermärkten angeboten wird. Von jeder Sorte gibt es mehrere Dutzend Varianten in allen Geschmacksrichtungen und Preislagen, damit die Verbraucher eine möglichst reiche Auswahl haben. Und am Ende kommt eine riesige Menge einfach in den Müll, weil gar nicht so viel gekauft und verbraucht werden kann, wie produziert und angeboten wird. Auch Fleisch wird billig »erzeugt« und zu

Dumpingpreisen auf den Markt geworfen. Das Tierwohl bleibt dabei auf der Strecke.

Es geht vor allem, so scheint es mir, darum, eine Nachfrage zu erzeugen, die zu mehr Umsatz führt. Jede Menge Konsumgüter werden produziert, ohne eine dauerhafte Nutzung im Blick zu haben: Mobiltelefone sind nach wenigen Jahren hoffnungslos veraltet; Elektrogeräte, billig produziert, halten nicht viel länger. Und modische Kleidung ist oft schon nach einer Saison alt und wird danach nicht mehr getragen. Für mich ist das alles schwer zu verstehen. Meine persönliche Habe ist sehr überschaubar.

Die Produktion überflüssiger Waren ist ein Teufelskreis. Wissenschaftler haben berechnet, dass wir allein in Deutschland so viele Ressourcen verbrauchen, dass alle 7,5 Milliarden Erdenbürger bei gleichem Lebensstil drei Planeten wie die Erde bräuchten, um nachhaltig zu leben.

Das »Immer mehr haben wollen«, entkoppelt vom tatsächlichen Bedarf, könnte am Ende sogar tödlich sein, wenn wir an den fortschreitenden Klimawandel denken.

Und der wachsende Konsum macht uns letztlich auch nicht wirklich glücklich. Denn wenn die Seele hungert, kann man sie nicht mit Wohlstand füttern. Weniger zu besitzen, weniger zu konsumieren, das ist der Schlüssel, um die Erde für die nachfolgenden Generationen zu erhalten und macht uns letztlich sogar glücklicher.

Die natürlichen Abläufe zu ergründen und dann sorgsam mit den uns anvertrauten Schätzen umzugehen, das ist der richtige Weg! Gegen die Gesetze der Natur zu arbeiten wird uns immer mehr Probleme schaffen.

Heute muss ich mich mehr denn je fragen: Wenn ich immer mehr für mich allein haben will, dann muss vielleicht irgendwo auf der Welt ein anderer verzichten. Oder die Quelle, aus der wir schöpfen, versiegt irgendwann ganz. Wem nützt das, was ich tue, und wem könnte es schaden?

Manchmal frage ich mich, ob ich arbeite, um mir selbst oder jemand anderem etwas zu beweisen. Oder weil sich manches in eine bestimmte Richtung entwickelt hat und ich nun nicht mehr zurückkann. Dann denke ich an die Benediktsregel, in der es heißt: *Höre, mein Sohn ... lausche.*

Dann komme ich an den Grund der Dinge. Zu der Frage nach dem »Warum?«.

*

Einmal im Jahr fahre ich für zwei Wochen in Urlaub. Der Kloster-garten schlummert unter der Schneedecke, das Gewächshaus gebe ich in die Obhut von Br. Markus. Ich packe warme Kleidung, Wan-derschuhe, ein gutes Buch, meinen Fotoapparat und ein paar Klei-nigkeiten in ein Auto, das dem Kloster gehört, bekomme von der Verwaltung 150 Euro Urlaubsgeld und mache mich auf den Weg nach Norden. Mein Ziel ist der »Schafshof« im Rheingau, nahe Aul-hausen bei Rüdesheim. Dort haben die Benediktinerinnen aus der Abtei St. Hildegard eine Art Gästehaus eingerichtet, das ich nutzen darf. Das Haus verfügt über einige Einzelzimmer und eine Ge-meinschaftsküche. Der Hof liegt inmitten von Wiesen und Wäl-dern. Da ich immer im Winter meine Ferien dort verbringe, bin ich zu dieser Zeit oft der einzige Gast. Aber ich fühle mich nicht ein-sam, im Gegenteil: Ich genieße die Freiheit und muss auf nieman-den Rücksicht nehmen; schlafe aus, koche und esse, was ich mag, mache ausgedehnte Spaziergänge oder schaue aus dem Fenster. Es wird nicht langweilig, denn es gibt vieles zu entdecken. Auf kleinen Wanderungen oder Ausflügen im Rheingau ist die Kamera immer mit dabei.

Meist gehe ich nur ein- oder zweimal während des Urlaubs einkaufen. Beim ersten Mal staune ich jedes Jahr aufs Neue im Supermarkt in Rüdesheim über die Fülle des Angebots. Und ich bin total überfordert, wenn ich sehe, was es alles gibt: regalmeterweise Brot und Kuchen, Aufbackbrötchen, Kekse und Schokolade; Joghurt in den verschiedensten Geschmacksrichtungen, Limonaden, Bier und Wein.

Wer braucht so viele unterschiedliche Käsesorten? Oder 15 verschiedene Arten Zahnpasta?

Um mich herum herrscht Hektik, Einkaufswägen werden gefüllt, Gemüse begutachtet, Sonderangebote geplündert – und Kunden halten unruhig Ausschau nach einer weiteren Kasse, wenn sich Warteschlangen bilden. Es hilft nur eines: Ich konzentriere mich auf meinen Einkaufszettel und kaufe ausschließlich das, was draufsteht. Ein Brot, ein Päckchen Butter, einen Camembert, ein wenig Schinken, etwas Gemüse, Nudeln und Kartoffeln. Dazu zwei Flaschen Bier. Das gibt es im Kloster nur an den Sonn- oder Feiertagen. Und die Feiertage sind für mich jetzt angebrochen.

Am liebsten wäre es mir, wenn genau das, was ich brauche, sofort an der Kasse bereitstünde. Einfacher ist es da schon in einem kleinen Dorfladen in der Nähe meines Ferienortes. Dort ist die Auswahl begrenzt, ich finde mich besser zurecht und habe auch mehr Ruhe als in einem großen Supermarkt.

Meistens habe ich am Ende der zwei Wochen noch Restgeld übrig, wenn ich zurück ins Donautal fahre, denn die 150 Euro, die ich vom Kloster für den Urlaub bekommen habe, brauche ich gar nicht komplett. Einige Lebensmittel bekomme ich auch von den Schwestern aus dem Kloster St. Hildegard. Und Feldsalat, Rote Bete, Zwiebeln und anderes Gemüse bringe ich aus Beuron mit.

Andere genießen es, im Urlaub nicht selbst kochen zu müssen, bei mir ist es umgekehrt. Ich genieße vor allem die Selbstversorgung. Letztes Jahr habe ich mir einmal Pfannkuchen gemacht, so viele ich wollte, köstlich!

Es ist schön, selbst zu entscheiden, was auf den Tisch kommt. Aber ich merke beim Einkaufen auch, wie wenig ich kenne – und wie wenig ich brauche.

Das Schönste an den Ferien ist für mich, dass ich in dieser Zeit keine Verpflichtungen habe – und sehr viel Freiheit. Aber ich merke auch, dass es dann auch wieder eine gewisse Disziplin braucht. Zumindest wäre es auf Dauer nicht gut für mich, wenn ich immer so in den Tag hineinleben könnte.

Als Mönche verfügen wir über keinen privaten Besitz und bekommen für unsere Arbeit keinen Lohn ausgezahlt. Aber wir brauchen im klösterlichen Alltag auch kein Geld. Das was der einzelne Mönch zum Leben benötigt, wird von der Gemeinschaft bereitgestellt. Ich muss mich nicht jeden Tag um Essen, Trinken oder passende Kleidung kümmern und sorgen. Ein Luxus!

Bei uns im Kloster gibt es in begrenztem Maße eine Art Tauschbörse. Ich habe mir beispielsweise außer Arbeitsschuhen schon seit langer Zeit keine weiteren Schuhe mehr kaufen müssen. Das Gleiche gilt für Jacken oder Hosen. Dass ich nicht einkaufen gehen muss und teilweise das nutzen kann, was andere nicht mehr brauchen, ist für mich eine hervorragende Lösung. Denn ich gehe nicht gerne einkaufen.

Manchmal machen mir Verwandte oder Bekannte ein Geschenk. Lebensmittel oder Süßigkeiten teile ich mit der Klostergemeinschaft. Andere machen das auch – so beschenken wir uns gegenseitig.

Im Kloster sollten wir als Mönche auf persönlichen Besitz ganz verzichten. Das ist nicht immer ganz einfach, manchmal geht es aus praktischen Gründen auch nur schlecht oder gar nicht. Meine Kamera gebe ich zum Beispiel nicht gerne aus der Hand.

Wichtig ist, dass wir uns nicht an Besitz klammern und mit anderen gerne teilen. Und dass wir dankbar sind für das, was wir benutzen können. Das Leben im Kloster hilft mir, vom »Habenwollen« wegzukommen und mich am »Sein« zu erfreuen. Obwohl ich nur wenig mein Eigen nenne, fühle ich mich reich beschenkt: Ich freue mich am Morgentau, der auf den Gräsern glitzert, am strahlenden Blau des Himmels über dem Tal und an dem wunderbaren Moment im Kreuzgang, wenn die Sonne Schatten auf die Bodenplatten wirft und ein herrliches Mosaik aus Hell und Dunkel entsteht.

Es gibt für mich viele Gründe zur Freude. Ich freue mich auf den Urlaub, aber dann auch wieder auf meine Heimkehr ins Donautal, ins Kloster und in den Garten. Mein erster Weg führt mich ins Gewächshaus, auch weil ich dort bestimmt zumindest eine unserer beiden Katzen wiedersehen kann.

MÄRZ ❧ Eisblumen

Eisblumen blühen an den Fenstern des Kreuzganges. Die Temperatur draußen liegt weit unter null. Der Winter will sich nicht verabschieden. Es ist noch früh am Morgen, als die Mönche schweigend und fröstelnd durch den Kreuzgang zum Morgengebet ziehen. Mit einem leisen Knarren öffnet sich die schwere Tür. Jeder nimmt seinen Platz ein, ein prüfender Blick in die Runde, dann stimmt Br. Felix als Vorsänger den ersten Psalmvers an. Der Tag beginnt.

*

Der Klostergarten liegt vor dem Westflügel. Das Gelände hat ein Gefälle bis hinab zum Donauufer. Eine 140 Meter lange Mauer gibt der Terrassenanlage vor dem Gebäude Halt und schafft ein Plateau.

Über die Jahrzehnte hat man die Mauer immer wieder geflickt. Der Frost knabbert an ihr und lässt Lücken und Spalten zurück, irgendwo bröckelt es immer. Auf dem Weg in den Kreuzgarten komme ich jeden Tag mehrmals an einer Stützmauer vorbei. Eine meterdicke und meterhohe Tristesse in Grau – geformt aus Steinen, Mörtel und Beton. Meistens laufe ich schnell und achtlos vorbei.

Die Mauer besteht aus zwei Teilen, die im rechten Winkel zueinanderstehen. Dazwischen ist ein kleiner Spalt, anscheinend haben sich die verschiedenen Materialien beim Bau nicht vollständig miteinander verbunden.

Unvermittelt bleibe ich stehen. Da ist etwas anders als sonst, das merke ich, ohne direkt sagen zu können, was. Dann sehe ich, was ich unterbewusst wahrgenommen habe: Aus dem Spalt wagt sich frisches Grün hervor. Ab jetzt schaue ich jeden Tag etwas genauer hin, wenn ich hier vorbeikomme, und freue mich daran, wie das Grün wächst. Es ist ein Trieb des alten Essigbaumes, der oben an der Mauerkrone steht.

Der alte Strauch, den ich immer schon bewundert habe, hat es eigentlich nicht nötig, auf diese Weise neues Terrain zu erkunden, denke ich. Er ist eine ganz besondere Schönheit: Seine Blüten sind rot und dick, wirken wie flauschige Vögel, die ihren Kopf recken. Im Herbst färben sich seine langen gefiederten Blätter gelb und orange, manch sind auch karmesinrot. Der Strauch wirkt eigensinnig und stolz in seiner Farbenpracht.

Ist es ihm oben auf dem Gartenbeet doch zu eng geworden? Das kann eigentlich nicht sein, denn er hat an der Stelle, wo er steht, wenig Konkurrenz und kann sich auch in der Fläche ausbreiten. Der wahre Grund für seinen Ausflug in die Tiefe ist die Wachheit und Sehnsucht, die grundsätzlich in der Schöpfung angelegt ist.

Eineinhalb Meter unter der Erde hat der Essigbaum eine schmale Lücke zwischen den dicken Mauern entdeckt. Ab dem Moment, als er die Möglichkeit zu wachsen spürte, gab es kein Halten mehr. Ein neuer Wurzeltrieb streckte sich durch den fast einen Meter langen Spalt dem Licht entgegen und entwickelte dann seine wunderschön geformten Blätter. Ich staune Tag für Tag über das Wachstum.

Wir Menschen mögen denken, dass sich die Mühe nicht lohnt, derart tief auszuholen, um neue Wege zu suchen. Vielleicht auch, dass ein Scheitern vorprogrammiert sei. Und dann geschieht das Unerwartete: Der Essigbaum wächst an einer Stelle, die eigentlich gar nicht vorgesehen war. Er macht das, wozu er bestimmt ist.

Wie oft planen, prüfen, wägen wir selbst ab, zögern und zaudern, denken: Das kann doch nichts werden, wenn es gilt, eine Entscheidung zu treffen. Auch ich.

Der Spalt in der Mauer und der junge Trieb sind für mich ein Gleichnis. Der alte Essigbaum, der sich einen neuen Weg zum Wachsen gesucht hat, erinnert mich daran, dass es mehr gibt, als ich annehme und verstehe. Dass das Leben viele Überraschungen und Möglichkeiten bietet.

Wie tragisch ist es, wenn Menschen immerzu auf die eine große Chance warten und darüber die vielen kleinen Gelegenheiten verpassen? Jeden Tag offenbart sich uns von Neuem das Glück. Daran dürfen wir uns freuen!

Gott liebt die Überraschung, das Spontane. Gott liebt das Leben! Er tut Dinge zu Zeiten und an Orten, wo wir es nicht erwarten. Unaufhörlich vollbringt er kleine und große Wunder – sichtbar für den, der dafür empfänglich ist.

Der Essigbaum kann nicht reden – und doch hat er mich angesprochen. Er ist stumm und hat mir doch schon so viel über das Leben erzählt.

Meine Arbeit, ob im Garten, auf dem Feld oder im Gewächshaus, ist zugleich ein Gebet. Ich halte Zwiesprache mit der Schöpfung, dem Humus, den Blumen, den Kräutern und den Früchten. Ich spüre das Wachstum in meinen Händen und erlebe jeden Tag aufs Neue Wunder, die mir die Natur beschert.

*

Auch wir Menschen sehnen uns nach Wärme und Licht. Dunkelheit und Kälte schlagen uns aufs Gemüt. Je härter der Winter ist, umso mehr freue ich mich auf das Frühjahr. Es wird Zeit, dass die langen Schatten weichen und die Sonne sich Bahn bricht. Doch ich brauche Geduld und muss mich im Abwarten üben.

Der Übergang der Jahreszeiten vollzieht sich in Beuron über mehrere Wochen.

Ende Februar wärmt die Sonne schon so stark, dass der Schnee schmilzt. Aber dann dauert es noch einige Zeit, bis das letzte Eis in den Felshöhlen am Ufer der Donau verschwindet. Auszuharren und der Witterung zu trotzen, das lernt man hier im rauen Donautal.

Trotz der Kälte gedeiht eine Pflanze und streckt ihre rot-grünen Sporenkapseln in die Luft: Das Mauer-Drehzahnmoos ist eine unverwüstliche Winterpflanze. Ihre gelblich grünen Kissen wachsen auf Mauerwerk, krallen sich in Fugen und erobern die Brüstung der Terrassenmauer. Wenn es wärmer wird, bildet das Moos bis zu drei Zentimeter dicke Teppiche. Ich mag es, mit der Hand darüber zu streichen. Und wenn das Abendlicht die auf dünnen Stielen sitzenden Sporenkapseln streift, sieht das Moos zauberhaft aus. Es hat für mich etwas Urzeitliches. Dem Herrn sei Dank, dass es nicht auszurotten ist.

Drehzahnmoos ist eines der vielen Beispiele, an denen ich beobachte, wie Pflanzen sich an unwirtliche Begebenheiten anpassen.

Bäume klammern sich am kargen Gestein fest, selbst in den steilsten Hängen wächst etwas. Wurzeln sprengen Asphalt, drücken Steine aus der Mauer.

Wenn ausreichend Wasser, Nährstoffe und Sonnenlicht vorhanden sind, wuchern bestimmte Pflanzen in einer unglaublichen Weise. Das ungezähmte Grün ist kaum zu bändigen.

Wir dürfen die Natur in ihrer Kraft nicht unterschätzen. Aber wir dürfen sie auch nicht idealisieren. An vielen Stellen findet ein Konkurrenz- und Überlebenskampf statt. Tiere sind entweder Beute oder Jäger, Pflanzen und Insekten suchen Nahrung. Trockenheit, Starkregen, Wind und Kälte fordern ihren Tribut. Und der Klimawandel tut ein Übriges.

Seit einigen Jahren beobachte ich, wie der Schnee im Donautal weniger wird und die Hitze im Sommer zunimmt. Es gibt mehr Dürrephasen als früher, sogar schon im April! Und auch der Klostergarten ist keine heile Welt.

Respekt und Ehrfurcht vor der Schöpfung Gottes zu haben, das ist mir sehr wichtig. Sich vor den kleinen und großen Wundern der Natur zu verneigen. Zu sehen, wie schön so vieles ist: die Buchen, Eichen, Ahornbäume, Fichten, Tannen, Kiefern und Lärchen am Berghang; die Weiden, Eschen und Erlen im Tal. Die Büsche und Sträucher, all die verschiedenen Pflanzensorten, Wildkräuter und Blumen; Salat und Gemüse, das wir anbauen. Ich freue mich an Fuchs und Igel, die nachts umherschleichen, und am Eichhörnchen, das behände den Baum erklettert. Beobachte Eichelhäher und Fischreiher, folge mit den Augen dem Bussard, der hoch am Himmel seine Kreise zieht. Und ich warte auf die Rückkehr der wilden Gänse – und die Bienen und Schmetterlinge, die hoffentlich bald wieder über Blütenkelchen tanzen, wenn der Frühling kommt. Das reichhaltige Leben, das im Winter in unzähligen Knospen verborgen darauf wartet, sich im Frühling zu neuem, vielfältigem Leben zu entwickeln.

Respekt und Ehrfurcht zu haben, das ist auch wichtig, wenn ich mit Pflanzenessenzen arbeite. Um die Wirkung der einzelnen Arten zu wissen und deshalb sorgsam zu dosieren. Denn im Übermaß eingesetzt, entfaltet manches, was in kleinen Mengen heilsam ist, eine toxische Wirkung.

Viel habe ich von meinen Lehrmeistern innerhalb und außerhalb der Klostermauern erfahren. Anderes habe ich mir angelesen. Über das alte Heilwissen der Klöster, von Mönchen und Schwestern, die über viele Jahrhunderte hinweg Kräuter angebaut, Salben, Tinkturen und Tees hergestellt haben – aber auch über den Schatz der bäuerlichen Tradition.

*

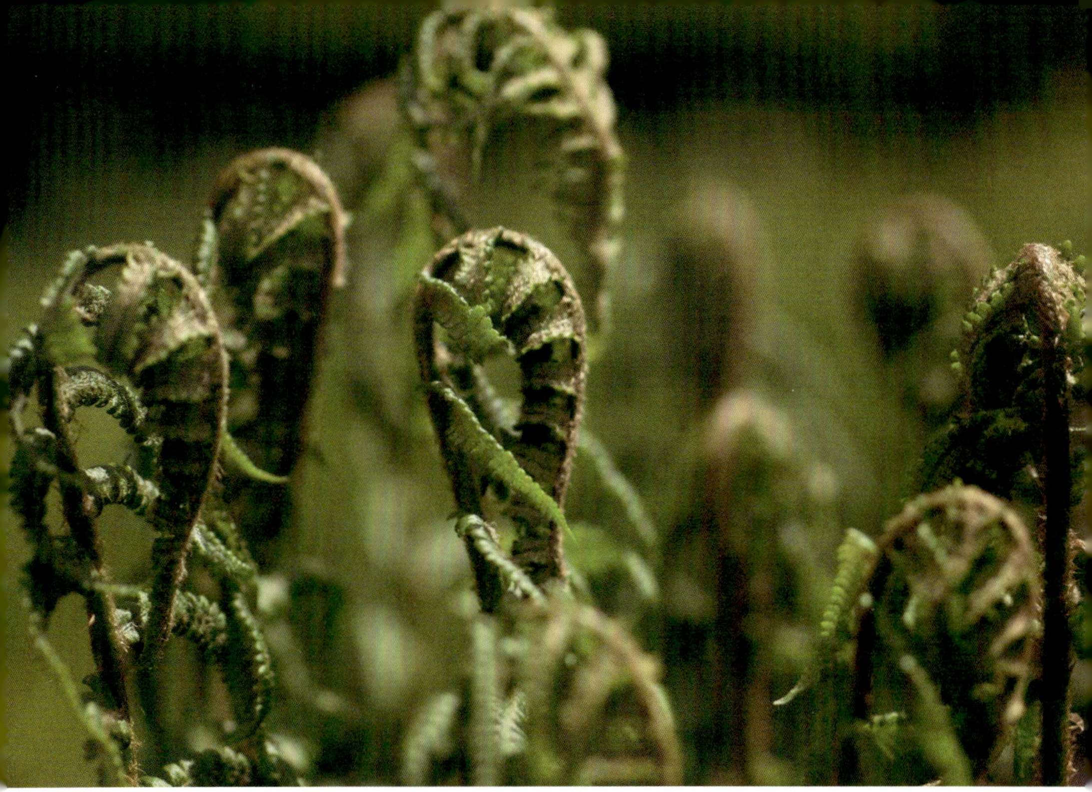

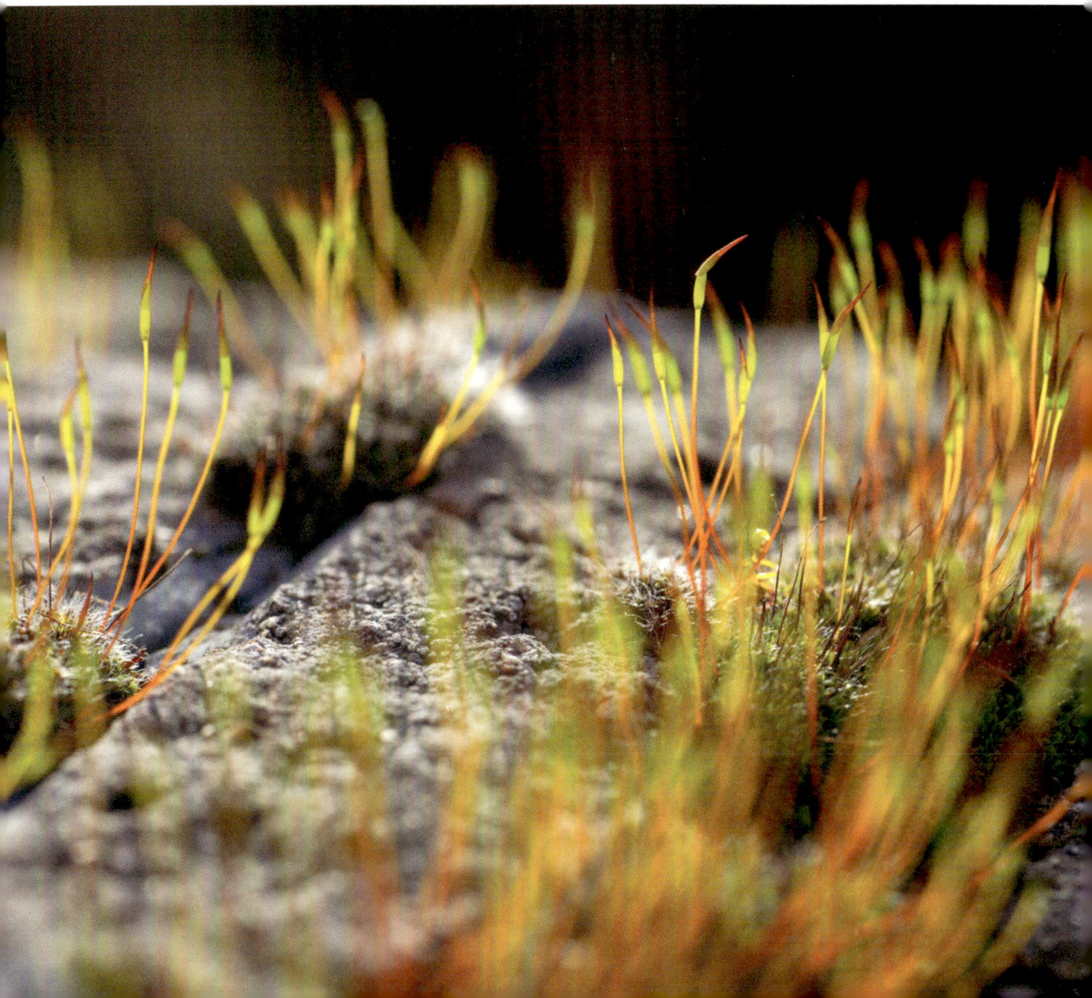

Altes Wissen, es geht uns verloren, wenn wir nicht darauf bedacht sind, es zu bewahren und an die nächste Generation weiterzugeben: die wohltuende Wirkung von bestimmten Kräutern, der besondere Geschmack alter, lange vergessener Apfelsorten, die Bedeutung der Bräuche, mit denen die Menschen seit Jahrhunderten die Übergänge im Jahreslauf und im Leben feiern. Das Wissen um besondere Orte, einen gesunden Lebensrhythmus, der unserem Dasein Halt gibt. Eine ausgewogene Balance zwischen Arbeit und Pausenzeiten, kraftvollem Zupacken und achtsamem Hören. Die Bedeutung und die Notwendigkeit von Stille. Und die lebensverändernde Kraft des Gebets.

Ich habe gelernt, mit dem Winter zur Ruhe zu kommen. Denn ich habe schon immer den Wechsel von Anspannung und Entspannung, Wachstum und Ruhephasen geschätzt.

Ist es nicht so, dass wir des Immergleichen überdrüssig werden? Wenn alles so wäre wie in unseren schönsten Träumen, wäre es nicht das Ende des Glücks? Ich glaube, solange wir auf dieser Erde leben, gibt es nichts, was uns dauerhaft glücklich machen kann.

Augustinus hält mit Blick auf das menschliche Leben und die Beziehung zu Gott fest: *Unruhig ist unser Herz, bis es ruht in Dir.*

*

Benedikt von Nursia gründete etwa im Jahr 527 das erste Kloster auf dem Monte Cassino in Italien. Im 36. Kapitel der von ihm verfassten Ordensregel schreibt er über die Bedeutung der Krankenpflege, die zu den wichtigsten Aufgaben der Mönche und Nonnen gehört. Diese legten Kräutergärten an, experimentierten mit Pflanzenextrakten und erweiterten kontinuierlich ihren Wissensschatz. In den Klöstern wurden medizinische Werke antiker Autoren gesammelt, deren Texte abgeschrieben und so verbreitet. Es entstanden Klosterhospitäler, in denen die Menschen aus der Umgebung versorgt und betreut wurden. Über Jahrhunderte wurde und wird heilkundliches Wissen in den Klöstern weiterentwickelt und gepflegt.

Der Benediktinermönch Walahfrid Strabo (808–849), zeitweise Abt des Klosters Reichenau am Bodensee, beschreibt in einem berühmten Lehrgedicht mit dem Titel *Hortulus* 24 Heilpflanzen und deren Anwendung, darunter die Wirkung von Fenchel, Kerbel, Liebstöckel, Minze, Rettich, Salbei, Schlafmohn und Wermut.

Eine besondere Rolle spielte Hildegard von Bingen, die im zwölften Jahrhundert als universell gebildete Frau auch über die Ursachen und mögliche Behandlungsmethoden von Krankheiten schrieb. Unter anderem entdeckte sie die Heilkraft der Ringelblume. Aber sie beschäftigte sich auch intensiv mit Edelsteinen und Metallen und beeinflusste mit ihrem Denken zahlreiche Entwicklungen. Bis heute sind Menschen vom Wirken der Ordensfrau, die im Rheingau lebte, fasziniert. Wenn ich meinen Urlaub im Gästehaus der Benediktinerinnen von Eibingen verbringe, kann ich ein wenig von dieser Faszination spüren, denn die Ordensschwestern pflegen das Erbe der heiligen Hildegard.

*

Wir sind nicht als Museumswächter auf der Erde, sondern um einen blühenden Garten voller Leben zu pflegen und eine herrliche Zukunft vorzubereiten, schrieb Papst Johannes XXIII. Ich habe mir diesen Satz ein Stück weit zu eigen gemacht. Mit meiner Arbeit im Klostergarten möchte ich meinen Teil dazu beitragen, das Leben zur Entfaltung und zum Blühen zu bringen. Wer im Garten arbeitet, erlebt beglückende Momente. Eine Dynamik, ein Vorwärtsschreiten, ein Sichentwickeln und -entfalten in schönster Form. Dazu gehört auch, dass manches vergeht, dass Pflanzen absterben, um an gleicher Stelle Neues zu ermöglichen.

Je wohler sich eine Pflanze an ihrem Standort fühlt, umso besser kann sie schlechtem Wetter, Frost oder auch anhaltender Trockenheit widerstehen. Schädlinge und Krankheiten können ihr weniger zusetzen.

Bei uns Menschen ist das nicht anders: Je geborgener ich mich fühle, umso besser kann ich Herausforderungen, Enttäuschungen und Kummer überwinden.

Damit Pflanzen gedeihen, brauchen sie starke Wurzeln, die ihnen Halt geben, Nährstoffe aufnehmen und weitertransportieren. Sie brauchen Raum, um sich zu entfalten und ausreichend Licht zu bekommen. Pflanzen erspüren, was sie gerade brauchen, was ihnen guttut.

Wir nennen dies Intuition. Kinder haben sie, ein ganz natürliches Empfinden. Denn sie machen das, was sie lieben, lassen sich freudig durch den Tag treiben. Und sie fragen neugierig nach, wenn sie etwas wissen wollen. Leider verlieren wir dieses spielerisch leichte Lebensgefühl im Laufe der Zeit. Wir stumpfen auf eine seltsame Art und Weise ab. Und wir müssen uns das Gefühl der Leichtigkeit bewusst zurückholen, wenn wir merken, dass wir uns immer mehr von dem entfernen, was uns wirklich und nachhaltig Freude macht. Denn nur dort, wo wir ganz bei uns sind, kehrt das Glück ein.

Es ist kein Wunder, dass wir die spielerische Sorglosigkeit der Kindertage verlieren. Denn die Anforderungen im Berufsleben steigen, und wir haben Mühe, Schritt zu halten. Uns wird eingeredet, dass wir mit dem, was wir leisten, nicht genügen. Manchmal sind es innere Antreiber, die wir von unseren Eltern vermittelt bekommen haben:»Du musst schneller sein, du musst perfekt arbeiten, sonst hast du keine Chance.« Deshalb müssen wir lernen, barmherziger zu sein – mit uns selbst und mit anderen. Das Immer-schneller-höher-weiter-Prinzip tut uns nicht gut.

*

Im Oberen Donautal besiedeln seltene Pflanzen die Kalkfelsen. Sie überleben in der Kälte, aber auch in der Hitze des Sommers. Auf den Kalkmagerwiesen wachsen Orchideen in ihrer Vielfalt wie in kaum einem anderen süddeutschen Nationalpark. Sie kommen mit dem zurecht, was da ist, passen sich an und setzen sich durch.

Auch in der Natur findet ein stetiger Konkurrenzkampf statt. Selbst auf der Wiese im Klostergarten kämpfen Gräser, Kräuter, Spitzwegerich, Löwenzahn und Gänseblümchen um die vorhandenen Ressourcen – um Platz zum Leben, um Nährstoffe, um Wasser und Licht.

Als Gärtner versuche ich, das Meine dazu beizutragen, dass Pflanzen wachsen, gedeihen und blühen können. Ich sorge für ausreichend Platz, lockere den Boden auf, dünge an der einen oder anderen Stelle. Aber letztlich liegt es nur bedingt in meiner Hand, was am Ende gelingt. Das Klima beeinflusst das Geschehen.

Die allermeisten Pflanzen brauchen Licht, um zu wachsen. Bei der Fotosynthese produzieren Pflanzen mithilfe von Sonnenlicht aus Wasser und Kohlendioxid Energie in Form von Kohlenhydraten. Sauerstoff, den wir Menschen so dringend brauchen, ist dabei nur ein Abfallprodukt. Diesem staunenswerten Vorgang, der sich in jeder lebenden Pflanze vollzieht und dem wir das gesamte Leben auf der Erde verdanken, sollten wir viel mehr Beachtung schenken. In jedem noch so kleinen Blatt, das Chlorophyll enthält und Licht empfangen kann, spielt sich dieses Wunder in unzähligen, winzig kleinen Pflanzenzellen ab.

Die Hauptwuchsrichtung der oberirdischen Pflanzenteile orientiert sich am Licht. Wenn die Sonneneinstrahlung gering ist oder nur aus einem bestimmten Winkel fällt, ändern sie ihre Wuchsrichtung. Sie suchen das Licht, strecken sich ihm entgegen und wachsen himmelwärts.

Ich halte kurz inne, während ich diese Zeilen schreibe und denke: *Herr, bei dir ist die Quelle des Lebens. In deinem Licht schauen wir das Licht.* (Psalm 36, 10.)

*

Jede Jahreszeit hat ihre eigene Schönheit. Der März und der nun anbrechende Frühling sind für mich aber doch die faszinierendste Zeit. Die Natur scheint noch zu schlafen, aber das wache und interessierte Auge sieht die zarten Triebe der verschiedensten Pflanzen, die anschwellenden Knospen, die immer saftiger werden. Die ersten Blumen recken sich aus ihrem schützenden Versteck: Schneeglöckchen, Märzenbecher, Winterlinge und Leberblümchen.

Ich fotografiere den Garten zu den unterschiedlichsten Zeiten, und wenn ich eine Aufnahme aus dem März zwischen die anderen Bilder im Jahreslauf lege, staune ich über die Verwandlung. Ein erstes Foto zeigt einen eisigen Januartag, der Wind treibt den Schnee durchs Tal. Im Februar habe ich die markanten Silhouetten der kahlen Obstbäume vor dem Kloster fotografiert und an einem sonnigen Tag im Mai die kraftvollen Farben der Blumenbeete ins Bild gerückt. Das Farbspektrum spiegelt den Lauf der Zeit, Schritt für Schritt: weiß, grau, blau, grün, rot und gelb. Ein Schöpfungswunder, jedes Jahrs aufs Neue. Ich kenne die biologischen Prozesse, weiß, wie Wetter und Klima zusammenwirken, und bin doch immer wieder total fasziniert, wenn ich all das betrachte.

Jeder Monat verleiht dem Garten seinen Charakter, seine Farbe und seinen Geruch. Im Winter ist es eher ein Gefühl statt eines Geruchs. Die Kälte rötet mir Wangen und Nase. Ich ahne den Schnee, der bald fallen wird, wenn sich Feuchtigkeit auf mein Gesicht legt.

Der Garten ist in den Wintermonaten nicht farbenfroh und trotzdem schön. Das Chinaschilf ragt über den Beeten. Die Blütenstände schwingen wie Federn im Wind, schütteln den Frost ab. Der Schnee kann sie nicht brechen. Mal zerzaust sie der Sturm, mal bleiben Wassertropfen in den filigranen Fasern hängen und glitzern im Sonnenlicht. Selbst das vertrocknete und gefrorene Blattwerk schmückt den Garten. Was vergänglich scheint, ist reizvoll. Wir sind von Schönheit umgeben.

Das Chinaschilf ist nicht nur bezaubernd, sondern auch sehr nützlich. Es ist Lebensraum für bedrohte Insekten. Zunehmend wird es als Rohstoff für Textilien und andere Produkte entdeckt. Chinaschilf ist ein rasch nachwachsender und robuster Energielieferant.

Im zeitigen Frühjahr, vor dem Neuaustrieb, schneide ich das verdorrte Schilf zurück, im Sommer durchzieht es den Garten mit seinem frischen Grün, und im Herbst ragen die weißen Federblüten zwischen Astern und Anemonen hervor.

*

Anfang März haben wir nur wenige Pflanzen im Gewächshaus: Petersilie, Paprika, Tomaten und Löwenmäulchen – sie sind die ersten in der Saison. Es folgen Geranien, Hortensien und viele verschiedene Beet- und Balkonpflanzen, die für den Verkauf gedacht sind.

Außerdem haben wir im Herbst Stiefmütterchen, Gänseblümchen und Vergissmeinnicht ausgesät. Pflanzen, für die wir das Gewächshaus nicht heizen müssen.

Im Freien wachsen derweil Gras und Wildpflanzen, der Bärlauch sprießt und verströmt seinen würzigen Duft. Ich liebe es, daran zu riechen!

Die Menschen kommen gern und manchmal auch von weit her, um Beetpflanzen bei uns im Kloster zu erwerben. Es ist schön zu sehen, wie sie sich an dem freuen, was sie bei uns finden. Und es ist ein guter Gedanke, dass all das, was sie mitnehmen, bald an anderer Stelle blüht.

Die Arbeit im Gewächshaus macht Freude, man kann den Erfolg sehen und mit Händen greifen. Aber das Ganze ist zeitaufwendig. Wir pflegen und hegen unsere Aussaaten, bis neues Leben keimt. Die kleinen Sämlinge brauchen viel Zuwendung, damit sie weiterwachsen. Bis aus einem Sämling eine Pflanze geworden ist, die weiter gedeihen kann, braucht es Zeit und viel Liebe zur Sache.

Manchmal, wenn ich morgens nicht weiß, was ich zuerst tun soll, weil ich eigentlich vier oder sechs Hände bräuchte, um alles zu bewältigen, was gerade anliegt, dann denke ich: Auch wenn es viel ist, meine Arbeit macht Sinn. Denn sie ist für das Kloster wichtig, und es gibt für mich keine schönere Aufgabe, als im Garten zu wirken. Die Selbstversorgung mit Tomaten, Salaten, Gurken, Zwiebeln, Zucchini, Auberginen und anderen Früchten ist durch die Art, wie wir alles anbauen, effizient. Feldsalat säen wir beispielsweise in kleine Töpfe aus und pflanzen diese später aufs Beet. So wächst der Salat üppig und kann bald geerntet werden. Wir schneiden drei- oder viermal pro Woche die Menge, die die Küche brauchen kann, und könnten noch viel mehr säen und ernten, doch meine Mitbrüder wollen nicht nur Feldsalat essen – was ich verstehe. Als Gärtner dürfen wir uns nicht überfordern und produzieren nur das, was wir leisten können bzw. was auch Abnehmer findet.

Eine Stelle aus dem Markusevangelium gefällt mir mit Blick auf die Arbeit im Garten sehr gut. Dort heißt es: *Mit dem Reich Gottes ist es so, wie wenn ein Mann Samen auf seinen Acker sät; dann schläft er und steht wieder auf, es wird Nacht und wird Tag, der Samen keimt und wächst, und der Mann weiß nicht, wie.* (Mk 4, 26–27.)

Unsere praktische Arbeit im Garten mit dem, was wir haben, und dem, was wir schaffen können, ist gelebtes Gottvertrauen. Abends gehe ich müde, aber zufrieden ins Bett. Erfüllend – das ist das richtige Wort, wenn ich an mein Tagwerk denke.

APRIL ❦ Tod und Auferstehung

Die Tage werden länger, unaufhaltsam steigt die Sonne gefühlt jeden Tag ein Stückchen höher, der Frühling kommt, und die Fastenzeit endet. In der Abteikirche wird das Osterfest gefeiert, mit Fußwaschung am Gründonnerstag, Kreuzerhebung am Karfreitag und Lichtwerdung in der Osternacht von Samstag auf Sonntag. Indem in der Kirche Kerzen entzündet und das Licht weitergegeben wird, erinnert sich die Gemeinschaft an die Auferstehung Jesu, seinen Sieg über die Dunkelheit und den Tod. Die Gottesdienste in der Karwoche sind ein liturgischer Dreiklang, der aufeinander aufbaut. Der Höhepunkt des Kirchenjahres, das bedeutsamste und eindrucksvollste »Hochfest des Glaubens« in der römisch-katholischen Kirche. Trauer und Freude liegen an Ostern nahe beieinander. Die Mönche im Kloster Beuron durchleben sie in ihren Ritualen, Gesängen und Gebeten. Br. Felix kennt das Spannungsfeld zwischen Vergehen und Blühen. Und das Werden, das erst aus dem Vergehen erwächst. Er sieht es im Garten, wenn auf dem Humus vergangener Pflanzengenerationen Neues entsteht. Das Leben geht weiter.

*

Einmal habe ich am Karsamstag bei einem Vortrag in unserem Gästehaus Naturaufnahmen gezeigt und so auf meine Weise als Klostergärtner das österliche Geschehen interpretiert. »Werden und Vergehen« war die inhaltliche Spur, der ich dabei gefolgt bin. Es ging in meiner Präsentation um Dunkelheit und Licht, Tod und Leben. Auf den Fotos war beispielsweise zu sehen, wie aus einer unscheinbaren Knospe an einem vermeintlich abgestorbenen Zweig eine neue Blüte entsteht. Oder wie ein grünender Schöss-

66

ling aus einem Baumstumpf wächst. Ganz zum Schluß habe ich ein Foto gezeigt, auf dem ein Kreuz zu sehen ist, dass sich in einem strahlenden Licht auflöst. Den Gästen und Besuchern hat der ungewöhnliche Blickwinkel meines Vortrags gefallen.

In einer Welt voller Lärm und Stress, in der alle unsere Sinne permanent gefordert sind, ist es gut, innezuhalten und auf das Wesentliche zu schauen. Neu staunen zu lernen und zu erkennen, dass wir Erkenntnis, Trost und Heil im Gleichmaß der Schöpfung finden können. Einer Schöpfung, in der das Sterben Voraussetzung zum Leben ist. Aus dem Humus absterbender Pflanzen wächst Neues. Ein Gleichnis über die Urkraft des Lebens und das Wunder des Unerwarteten.

Es geht an Ostern in besonderer Weise um Liebe und Licht – und die Hoffnung. Die Dunkelheit des Karfreitags lassen wir hinter uns und feiern am Ostersonntag das neue Leben, an dem wir teilhaben dürfen. Gottes Botschaft lautet: »Siehe, ich mache alles neu!« Wenn wir auf sein Wort vertrauen, erfahren wir selbst die Kraft der Verwandlung.

*

Ein gutes Symbol für die Verwandlung ist für mich auch der Japanische Ahorn. Vor über dreißig Jahren pflanzten Br. Markus und ich einen solchen Baum im Kreuzgarten. Inzwischen ist er stattlich gewachsen. Der Japanische Ahorn ist ein kleiner Baum oder Strauch, aber er kann bis zu 5 Metern hoch werden. Seine Blätter sind im Frühjahr grün und sehen aus wie Kinderhände. Die Blüten sind aus der Ferne nicht auffällig, doch wenn ich sie näher betrachte, fallen die Dolden auf. An ihren bis zu 15 Stielen wachsen rote Blüten, und jede Blüte trägt ein weißes Krönchen. Im Herbst trägt der Ahorn ein rotes Blätterkleid. Das sieht einfach fantastisch schön aus! Zu jeder Jahreszeit bringt mich der Baum mit seiner filigranen und zugleich opulenten Erscheinung zum Staunen. Und es ist kaum zu glauben, dass diese exotische Art hier im Donautal blüht und gedeiht.

*

Manchmal zappelt der Winter noch im April, und der Frost greift nachts mit eisigen Fingern nach den frischen Trieben im Garten. Doch dann ist endlich alles grün: gelbgrün, lindgrün, efeugrün, moosgrün, silbergrün, grasgrün, knallgrün. Hoffnungsgrün! Blumen, Kräuter, Gemüse, Sträucher und die Bäume im Klostergarten und in der freien Natur scheinen regelrecht zu explodieren. Unglaublich, welche Entwicklung sich da gerade in unzähligen Pflanzenarten und in Milliarden von Pflanzenzellen vollzieht. Ich kann es mir kaum vorstellen, so gigantisch ist es.

Von März bis April bedeckt das Wechselblättrige Milzkraut, auch Gold-Milzkraut genannt, den Boden. Es ist eine unscheinbare Pflanze aus der Familie der Steinbrechgewächse. Durch lange, dünne, unterirdische Ausläufer bildet das Milzkraut lockere Kolonien. Die Pflanze findet sich an verschiedensten Stellen innerhalb des Klostergeländes. Sie wächst nicht höher als 15 Zentimeter und trägt nur kleine, etwa 5 Millimeter breite Blüten. Doch diese leuchten in der Farbpalette von Grün bis Gelb. Dort, wo es üppig wächst, zieht das Milzkraut die Aufmerksamkeit des Betrachters auf sich, so frisch und belebend wirken seine Farben. Die Blattform des Milzkrauts ist rund und erinnerte die Botaniker, die es benannten, an die menschliche Milz. Eine Zeit lang habe ich es mit Sonnenwend-Wolfsmilch (Euphorbia helioscopia) verwechselt, doch das wird wesentlich größer und hat eine andere Blütenform.

Faszinierend: Zu den Steinbrechgewächsen gehören 33 bis 38 Gattungen mit weit über 500 Unterarten! Und jede hat ihr eigenes Gepräge.

Manchmal erleben wir sommerliche Tage im April und haben wochenlang eine Hochdruckwetterlage mit sehr viel Sonne und Temperaturen von 20 bis 25 Grad Celsius. Aber schon oft haben uns auch erneuter, winterlicher Kälteeinbruch und plötzlicher Schneefall sogar Ende des Monats überrascht. Dann spüren wir die Kälte bis in den Mai hinein und müssen das Gewächshaus immer noch warm halten. Ich traue dem Frühling erst, wenn der April sich verabschiedet. Im April säen wir im Gewächshaus Artischocken, verschiedene Gemüsesorten, Salat und Blumen in Aussaatkisten.

*

Br. Markus und ich pflegen, bevor die Gartensaison richtig beginnt, die Geräte, mit denen wir das Jahr über arbeiten, und warten unseren Traktor, Baujahr 1974. Ein Einachser vom Typ Holder E 14, ein nahezu unverwüstliches Teil. Mit ihm tuckere ich am liebsten über Wiesen und Felder. Ein stabiler Anhänger dient dazu, die notwendigen Arbeitsgeräte, Setzlinge und Erntekörbe zu transportieren. Das Gerät hat manchmal seine Macken, aber ich konnte es bislang meistens selbst oder mithilfe von anderen Liebhabern solcher alten Maschinen reparieren.

Das Transportfahrzeug hilft, aber die Arbeit ist dennoch beschwerlich. Vieles, was wir im Garten tun, ist reine Handarbeit. Und mich bedrückt der Gedanke, dass wir keinen Nachwuchs haben. Seit 1987 arbeiten Br. Markus und ich zusammen, drei Jahre später habe ich die Verantwortung für den Klostergarten übernommen, als der alte Meister nicht mehr konnte – und es ist nicht

70

in Sicht, dass in absehbarer Zeit ein jüngerer Gärtnerbruder zu uns stößt. Denn die wenigen Männer, die ins Benediktinerkloster Beuron eintreten, werden an vielen Stellen gleichzeitig gebraucht. Überall gibt es bereits Lücken im Gefüge der Klosterbetriebe, die es zu schließen gilt. Wie wird es weitergehen, wenn die ältere Mönchsgeneration, die momentan noch viele Aufgaben übernimmt, nicht mehr kann? Manche sind bereits weit über 70 Jahre alt und arbeiten nach wie vor jeden Tag.

Was wird aus der Klostergärtnerei, wenn Br. Markus und ich eines Tages zu alt und zu krank sind, um bei Wind und Wetter draußen anzupacken?

Ich kann versuchen, die Last der Fragen zu tragen, oder ich tue das, wozu mich mein Glaube ermutigt: Vertraue Gott!

Es ist eine immerwährende Übung, meine Zuversicht in Gott zu setzen. Dabei erinnert mich die Schöpfung, die Natur mit all ihren wundersamen Facetten, an mein Urvertrauen in Gott und seine Werke.

Dieses Vertrauen war so stark, dass ich mich vor fast vier Jahrzehnten entschlossen habe, meine Heimat zu verlassen und im Kloster Beuron zu leben und zu arbeiten.

Ich folge meiner Berufung. Und es erleichtert mich, dass ich weiß: Es nützt nichts, sich zu verkrampfen, denn die Dinge nehmen von alleine ihren Lauf. So ist es in der Natur und im Glaubensleben. Erstrebenswert ist es, loslassen zu können!

Es geht nicht darum, alles unter Kontrolle zu haben. Und festhalten kann ich ohnehin fast nichts. Jede und jeder verfehlt seine Bestimmung, wenn er sein Umfeld kontrollieren will.

Das erste Wort der Benediktsregel lautet: *Höre!* Das erinnert mich als Mönch daran, wie wichtig es ist, dass ich mich für Neues öffne, achtsam dafür bleibe. Empfänglich für das, was Gott mir sagen will. Er spricht auf verschiedenste Weise, zu mir ganz besonders auch im Erleben seiner Schöpfung.

Als Mönch lausche ich nach innen wie nach außen. So werde ich als Gärtner und Suchender wunderbar getragen.

Der Benediktinermönch Michael Hermes hat vor mehr als vier Jahrzehnten zu einer aus England stammenden Melodie einen Kanon getextet, der das *Höre!* auf wunderbare Weise aufgreift:
Schweige und höre,
neige deines Herzens Ohr,
suche den Frieden.
Ein wunderbarer Gedanke: mein Leben neu auszurichten, indem ich mich vor dem, was ist, verneige, um inneren Frieden zu finden.

Als Hörender sind meine Sinne auf Empfang gestellt, und ich entdecke, dass ich ein Beschenkter bin. Aber das ist nur die eine Seite. Ich möchte das, was ich für mich selbst entdeckt habe, und das, was wir Jahr für Jahr im Garten ernten, gerne teilen, um anderen Menschen eine Freude zu machen. Seien es die Blumen, die sie mit nach Hause nehmen, eine gute Salbe oder ein Klosterlikör zum Genießen. Auch dieses Buch schreibe ich, um gute Gedanken zu teilen. Die Anregung dazu kam von außen. Ich selbst wäre nie auf die Idee gekommen und habe zunächst gezögert, bevor ich mich dazu entschlossen habe. Nun bin ich dankbar, dass ich mich auf den Weg gemacht habe. Schritt für Schritt ist aus ersten Überlegungen etwas Schönes entstanden.

Es ist erleichternd, zu wissen, dass ich mich bei all dem, was ich tue, von Gott getragen und beschenkt wissen darf. Je älter ich werde, umso tiefer wurzelt diese Erkenntnis und hilft mir im Spannungsfeld von Leben und Tod, Mensch und Gott, Himmel und Erde eine gute Spur zu finden.

Von einem Vers aus Psalm 119 (Vers 116) fühle ich mich in besonderer Weise angesprochen. Er trägt als Überschrift *Suscipe*, das bedeutet »Empfange«. Dort heißt es:

Nimm mich auf, o Herr, dann werde ich leben. Lass mich in meiner Hoffnung nicht scheitern.

*

Im Elternhaus, in der Schule, in der Ausbildung und im Beruf werden wir darauf getrimmt, etwas zu leisten. Wir bekommen gesagt: »Allein das Ergebnis zählt!« Deshalb wird sich abgerackert, verglichen und bewertet. Das Augenmerk liegt oft auf dem, was man noch nicht kann und noch nicht erreicht hat.

Auch ich bin so groß geworden. Und ich bin ein fleißiger Mensch, der sich selbst ziemlich fordert. Aber ich habe im Laufe der Zeit auch gelernt, wie wichtig es ist, das Positive zu stärken, statt vor allem auf die Defizite zu schauen. So wie die Pflanzen sich nach dem Licht strecken, um auf gute Weise zu wachsen.

»Mein Garten ist viel schöner als deiner!«, denkt sich der eine oder die andere vielleicht mit Blick auf das Gelände in der Nachbarschaft. Aber wer sich mit anderen vergleicht, sollte sich selbst fragen: Warum möchte ich eigentlich besser dastehen? Was erhoffe ich mir davon? Und wieso setze ich mich mit Vergleichen unter Druck?

Weil ich darum weiß, dass Gott jeden Menschen mit all seinen Eigenheiten liebt, brauche ich mir und anderen nichts zu beweisen. Ich muss nicht um meinen Wert kämpfen, mich nicht in den Vordergrund drängen, niemandem gefallen – nicht einmal Gott. Manche Menschen denken, dass Gott auf ihre Leistungen schaut oder sie sich irgendwie verändern müssten, damit sie Gnade finden. Was für eine schreckliche Vorstellung, dass man als Christ irgendwelche Normen erfüllen müsste! Mit solchen Gedanken hat man die Anleitung zum Unglücklichsein gefunden.

Je älter ich werde, desto gelassener werde ich mit Blick auf manche Themen, die mich früher furchtbar aufgeregt haben. Ich weiß, dass es nicht um Leistung geht, damit Gott mich liebt. Er nimmt mich an, so wie ich bin. Derart »mit sich selbst ins Reine kommen«, das ist der Schlüssel für ein gelingendes Leben. Zu spüren: Egal was ist, wie blöd es kommt – ich bin dennoch von Gott getragen.

Mein Glaube gibt mir die Zuversicht, dass es am Ende gut wird. Darum zu wissen macht mich stärker und schenkt inneren Frieden. Wer gelassen auf sein Leben blickt, weil er sich geborgen fühlt und angenommen weiß, der entwickelt keine Aggressionen.

Indem wir unsere Bestimmung leben, zieht das Glück bei uns ein.

*

Glück ist kein Zustand, sondern ein Prozess, ein fortwährendes Suchen und Finden. Der Philosoph Sokrates sagte vor fast zweieinhalbtausend Jahren: »Wer glaubt, etwas zu sein, hat aufgehört, etwas zu werden!« Ich möchte ein Suchender und Lernender bleiben, mir die Neugier bewahren.

Der heilige Benedikt bezeichnet das Kloster als die »Schule des Lebens«. Ein Gedanke, der mir sehr gut gefällt. Ich muss nicht mit irgendeiner diffusen Anforderung fertigwerden oder perfekt sein, weder heute noch morgen oder im nächsten Jahr. Solange ich lebe, darf ich mich nach dem Licht strecken und wachsen. Ich möchte offen für Neues bleiben und spüren, was für mich dran ist. Eines habe ich in all den Jahren im Kloster gelernt: Das Wesentliche wird uns geschenkt.

Meine Arbeit im Garten, die Pflege der Schöpfung ist für mich auch eine Art Gottesdienst. Wenn ich die Wahrheit suche, kann ich das genauso gut beim Unkrautjäten tun, während andere in der Bibliothek Inspiration finden. Ich kann bei der Salaternte über Gott und die Welt sinnieren, genauso wie bei der stillen Einkehr in meiner Zelle. Die Natur lehrt mich Geduld, auf den richtigen

Moment zu warten, den es braucht, damit etwas gelingt. Alles hat seine Zeit, das Säen, das Warten und das Ernten. Unreife Früchte schmecken nicht.

Ich habe im Laufe der Jahre gelernt: Was nachhaltig sein soll, entsteht meist allmählich. Im Markusevangelium heißt es: *Alles Leben fängt klein an und wächst stetig* (Mk 4, 30–32). Nichts lässt sich erzwingen. Projekte, die mich unter starken Druck setzen würden, stelle ich auf den Prüfstand und frage mich: Warum entsteht ein derartiger Zeitdruck, muss das momentan wirklich so sein?

Manchmal setze ich etwas in Gang und bin selbst überrascht, wenn ich sehe, welchen Verlauf es nimmt. Dazu fällt mir eine heiße Geschichte ein: Einmal, da war ich noch in der Ausbildung, haben wir Paprika gesät und gezogen. Auf den Samentütchen prangten bunte Paprikabilder, doch wir ernteten Peperoni. Es waren Tausende. Was sollten wir damit machen? Wer würde das alles kaufen? Wieder einmal war meine Sorge unbegründet. Die Ware fand guten Absatz, und wir bekamen erstaunliche Rückmeldungen.

Als Gärtner und Mönch lebe ich hoffnungsvoll, selbst wenn es um Kohlköpfe geht. Lange Zeit haben wir im Klostergarten Weißkohl angebaut, der ungefähr ein Vierteljahr braucht, bis er erntereif ist – soweit die Erfahrung. Doch wie lange braucht der Kohl, wenn es zu nass, zu trocken oder zu heiß ist? Wird er Erdflöhe, Blattlaus oder Kohlfliege überleben, die an ihm knabbern? Und was ist, wenn er Starkregen oder sogar Hagel abbekommt? In 90 Tagen kann viel passieren. Ich bin wachsam – aber ich kann nur hoffen, dass alles gedeiht. Das gilt für den Kohlkopf, aber auch für vieles andere im Leben. Vor zwei Jahren haben wir den Kohlanbau eingestellt, es wollte einfach nicht mehr richtig gelingen. Und die Erfahrung lehrt mich: Ich kann nichts erzwingen.

Interessant finde ich, dass Artischocken im Donautal, in einer Gegend, die man Schwäbisch-Sibirien nennt, bei jedem Wetter gedeihen und der »gute alte, deutsche Kohl« Probleme bekommt. Trotzdem gebe ich die Hoffnung nicht auf, dass bei uns im Garten irgendwann auch mal wieder dicke Kohlköpfe gedeihen.

*

Es gehört zum Leben dazu, dass manches misslingt. Ich stehe am Fenster und schaue hilflos zu, wie ein Hagelsturm den Garten verwüstet. Das war nicht vorauszusehen, sonst hätte man vielleicht das eine oder andere noch abdecken können. Die Wettervorhersage war gut, doch dann ist die Situation ganz plötzlich gekippt. Heftige Windböen fegten am Nachmittag durchs Tal, Schneeflocken wirbelten durch die Luft, dann fiel Eisregen und Hagel vom Himmel. Wochenlange Arbeit – umsonst.

Wie heißt es: Lächle und denke, es könnte schlimmer kommen. Und ich lächelte – und es kam schlimmer.

Auch die Covid-19-Pandemie hat uns in den letzten Jahren gezeigt, dass wir das Leben letztlich nicht im Griff haben. Alle unsere Pläne waren von einem Tag auf den anderen Makulatur. Veranstaltungen und auch Treffen im kleinen Kreis mussten abgesagt werden. Geplante Reisen fanden nicht statt. Das Gästehaus des Klosters, der Klosterladen und sogar die Kirche schlossen für Wochen oder Monate die Türen für Gäste und Besucher – und während ich diese Zeilen schreibe, ist wieder vieles dicht, weil eine vierte Krankheitswelle durch das Land rollt.

In den Läden fehlten zu Beginn der Krise plötzlich Dinge, die bis dahin ganz selbstverständlich immer vorrätig waren: Hefe, Nudeln und manches mehr wurden zu kostbaren, heiß begehrten Gütern.

Globale Wirtschaftskreisläufe und Warenströme gerieten ins Stottern und Stocken. Und die unbekannte Krankheit, die rasend schnell um sich griff, machte uns zu Recht Angst. Gleichzeitig wurde deutlich, was wirklich wertvoll ist: die Bedeutung von Beziehungen und Freundschaften.

Wir haben viele Tote zu betrauern, auch in Deutschland. Und es ist zu hoffen, dass all diejenigen, die einen lieben Menschen verloren haben, Trost finden.

Durch die Pandemie rückte der Tod auf eine bislang nicht gekannte Weise in unser Blickfeld. Die Bilder der Lastwagen, die in Italien und vielen anderen Ländern der Erde stapelweise Särge abtransportierten, haben sich in das Gedächtnis gegraben. Eine große deutsche Zeitung druckte Fotos und Geschichten von Menschen, die am Coronavirus gestorben waren, auch viele junge Menschen. Keiner hätte mit einer solchen Entwicklung gerechnet.

Einen sterbenden Menschen zu begleiten ist eine tiefgreifende Erfahrung. Ich spüre dabei auch die eigene Endlichkeit. Sterbende lassen uns teilhaben am großen Kreislauf des Lebens, den die meisten in ihrem Alltag nicht mehr fühlen.

Normalerweise versuchen viele, das Thema »Tod und Sterben« weitestgehend von sich fernzuhalten. Klar: Jede und jeder hat im Laufe seines Lebens nahe Verwandte, Freunde und Bekannte zu betrauern. Aber die Pandemie offenbarte, wie zerbrechlich, wie brüchig unser Dasein ist, wie schnell das Leben vorbei sein kann. Und wie rasch alte Gewissheiten nicht mehr tragen. Beispielsweise, dass wir fast immer und überall all das bekommen können, was wir gerade brauchen. Oder dass es selbstverständlich ist, uns jederzeit frei und unbeschwert dort aufhalten zu können, wo wir mögen.

Unser Klosterfriedhof ist ein Ort, an dem ich von Zeit zu Zeit recht gerne verweile. Es ist für mich wirklich ein Ort des Friedens. Wenn ich die Gräber betrachte, erinnere ich mich an die Brüder, die in den letzten Jahren von uns gegangen sind. Und ich nehme bewusst wahr: Alles hat seine Zeit, auch meine Lebensspanne ist begrenzt. Es gilt den Tag zu nutzen und sich an dem zu freuen, was ist.

Ich könnte schon morgen schwer krank werden oder mich beim Arbeiten verletzen. Unfälle passieren jeden Tag, überall. Macht mir der Gedanke, krank zu werden oder sterben zu müssen, Angst? Darauf habe ich keine vorschnelle Antwort. Schmerzen haben, dahinsiechen, das will keiner. Aber ich spüre mit Blick auf das Alter und den Gedanken zu sterben in mir eine große Gelassenheit.

Als Christ trägt mich die Hoffnung auf ein Leben nach dem Tod. Ich glaube, dass wir an einen Ort kommen, an dem es uns gut gehen wird. Ein Zuhause. Noch bin ich hier auf Erden unterwegs, streife durch die Wiesen und Wälder, bebaue den Garten. Aber meine Zeit ist endlich. Wenn es so weit ist, will ich mit leichtem Herzen gehen.

Ein 90-jähriger Mitbruder schlief während des Morgenlobs oben auf der Galerie der Kirche ein und wachte nicht mehr auf. Er starb mit einem Lächeln auf den Lippen. Wenn der Tod auf diese Weise daherkommt, dann ist dies einfach nur gut.

Das Leben findet jetzt statt. Und es ist wunderschön! Ende April hat sich der Garten verwandelt. Es herrscht Überfluss an Farben und Düften. In alle Richtungen strecken sich Büsche und Bäume, Pflanzen besiedeln den Boden und schlucken das restliche Wintergrau. Blüten tupfen Farbe auf Wiesen und in Strauchwerk. Die Verwandlung ist mir vertraut, und dennoch bin ich jedes Jahr aufs Neue fasziniert. Ich rieche, höre, sehe und fühle den Frühling, genieße den Moment. Und ich wünschte, ich hätte mehr Zeit, um das Schauspiel zu betrachten.

MAI ❦ Jubilate!

Das Gras strahlt in intensivem Grün, der Löwenzahn spannt seine Schirmchen auf und setzt gelbe Tupfen auf die Klosterwiese. Ziersträucher wie Flieder und Magnolien liefern sich einen Wettbewerb an Farbenpracht, Schönheit und Duft. Die Natur ist verschwenderisch, und Käfer, Hummeln und Bienen berauschen sich. Sie versinken in Blütenkelchen, plumpsen in Tulpen und schlürfen an Obstblüten. Es raschelt in den Sträuchern, wenn die Vögel ihre Nester putzen. Vor Sonnenaufgang beginnen sie zu tschilpen, zu schnarren, trillern, zwitschern und singen. Sie legen ihre Melodien auf den Tag wie eine sanfte Decke.

*

Der Spaltfelsen ist ein guter Aussichtspunkt. Mein Blick schweift über Wiesen und Wälder und folgt dem Flusslauf. Die roten Dächer des Klosters im Tal leuchten in der späten Nachmittagssonne, davor hat sich am Parkplatz eine Menschentraube gebildet. Vermutlich eine größere Pilgergruppe, die nach dem Besuch der Klosterkirche noch etwas Zeit bis zur Abfahrt des Busses hat und diese nutzt, um die Umgebung zu erkunden. Sie ziehen in Richtung der historischen Holzbrücke, die ein beliebtes Fotomotiv ist.

Auch ich habe meine Kamera dabei. Vorsichtig nehme ich den Objektivdeckel ab und stelle Blende und Belichtungszeit ein. Schon oft habe ich hier oben Aufnahmen gemacht, aber heute sind die Lichtverhältnisse nahezu perfekt. Die Luft ist klar, keine Wolke am Himmel. Auf den Feldern im Tal zeichnen sich die Furchen, die der Bauer mit seinem Traktor gezogen hat, halbkreisförmig im leuchtenden Grün ab.

Ich lasse mir Zeit, suche den perfekten Bildausschnitt, spiele mit der Einstellung von Blende und Belichtungszeit, drücke dann den Auslöser und freue mich an dem, was gelingt. Und ich liebe es, später in der Vergrößerung am Bildschirm oder beim Ausdruck auf Fotopapier die kleinen Details zu entdecken, die ich in dem Moment, als die Aufnahme entstand, gar nicht im Blick hatte.

Manchmal werde ich gefragt, ob Mönche Hobbys haben dürfen. Natürlich dürfen sie das! Der Eichstätter Bischof und Benediktinermönch Gregor Maria Hanke ist leidenschaftlicher Bergsteiger. Pater Anselm Grün geht im Urlaub seit vielen Jahren wandern. Br. Anno Schütte aus der Abtei Königsmünster legt jedes Jahr mehr als 7 000 Kilometer auf seinem Rennrad zurück. Einer meiner Beuroner Mitbrüder baut aus Karton große Kathedralen im Tischformat nach. Br. Eugen gestaltet schöne Karten. Viele aus unserer Gemeinschaft interessieren sich für Kunst allgemein oder Literatur, und manch einer spielt ein Instrument oder stöbert in der freien Zeit in der Bibliothek des Klosters. Der Bestand umfasst auf sechs Etagen etwa 435 000 Bände, davon 165 Inkunabeln und 236 Handschriften. Außerdem werden 400 Zeitschriften archiviert. Etwa 200 Bücher stammen aus der Bibliothek des früheren Augustiner-Chorherren-Stiftes.

Eher durch Zufall habe ich vor 14 Jahren für mich die Fotografie entdeckt. Ein Bekannter von mir rief mich eines Tages an und sagte: »Kauf dir eine Kamera, wir gestalten gemeinsam ein Buch«. Er wollte über die Herstellung von Kräuterauszügen schreiben, ich sollte dazu Bilder liefern. Ich erzählte dem Erzabt davon, bekam dessen Einverständnis und von der Verwaltung 300 Euro, fuhr nach Tuttlingen und erwarb eine kleine Digitalkamera.

Neugierig probierte ich aus, was möglich ist, verbrachte jede freie Minute damit, Aufnahmen zu machen. Und es gelang viel mehr, als ich anfangs vermutet hatte. Aus dem angedachten Buch-projekt wurde nichts, aber ich hatte die Fotografie für mich ent-deckt.

Meine Mitbrüder staunten über die schönen Bilder, bald wurden sie auch im Rundbrief der Abtei abgedruckt, für die Bebilderung der Homepage genutzt und vieles mehr. Seither ist die Fotografie für mich zur Leidenschaft geworden. Ich liebe es, Situationen oder Szenen, die mich vor allem wegen der Wirkung des Lichtes faszi-nieren, irgendwie festzuhalten. Und es ist eine Möglichkeit, mich in den Bildern, die ich mache, anderen mitzuteilen.

Bei meiner ersten Kamera waren die Möglichkeiten der Bildge-staltung eingeschränkt. So suchte ich nach »Sponsoren« und be-kam von meiner Familie Geld geschenkt, das aus einer Erbschaft stammte. Mit Erlaubnis des Erzabtes konnte ich mir davon eine neue, bessere Kamera und einige Objektive kaufen. Seitdem bin ich mit einer digitalen Spiegelreflexkamera unterwegs. Inzwi-schen konnte ich bei zwei Ausstellungen außerhalb des Klosters meine Fotografien präsentieren.

Seit ein paar Jahren fotografiere ich hin und wieder auch sehr ger-ne mit einem großen, alten analogen Fotoapparat. Das Schöne und Spannende daran ist, dass mich die Technik dazu erzieht, noch ge-nauer hinzuschauen, was ich wann, wo und wie fotografieren möchte. Filme für derartige Kameras kosten inzwischen richtig Geld. Deshalb drücke ich erst auf den Auslöser, wenn ich mir sicher bin, dass die Aufnahme gut wird.

Erst vor Kurzem hatte ich die Gelegenheit, in einer Dunkelkam-mer zu arbeiten, die einer Fotografin gehört, die ich kenne. Dort durfte ich erleben, wie spannend der Prozess ist, eigene Bilder auf Fotopapier zu belichten. Wenn das Motiv im Entwicklerbad lang-sam auf dem Fotopapier sichtbar wird.

In der Fotografie spiegelt sich auch meine Leidenschaft für Pflanzen. Bei Makroaufnahmen tauche ich in Blütenkelche und zoome die feine Struktur von Blattadern heran. Im Mikrokosmos entdecke ich eine neue Welt aus Formen und Farben. An anderen Tagen richte ich den Blick in die Weite, experimentiere mit Tiefenschärfe und Licht. Wenn ich verschiedene Aufnahmen in der Zusammenschau betrachte, begreife ich das große Ganze: den Wagemut der Schöpfung, die unglaubliche Vielfalt der Natur, die Schönheit im kleinsten Detail. Immer wieder suche ich den ungewöhnlichen Blickwinkel auf etwas, was man zu kennen meint.

Die Fotos sind Erinnerungen an kostbare Augenblicke, die manchmal schnell vergehen. Von einer auf die andere Sekunde wechseln die Lichtverhältnisse, und der besondere Moment, den ich festhalten wollte, ist vorbei.

*

Die Natur kennt kein Verharren. Alles ist in Bewegung, fließt dahin wie eine Melodie. Ein wohltuender Zusammenklang, wie eine Fuge von Bach oder eine Symphonie von Mozart. Die Natur ist eine Künstlerin des Moments. In ihr flüstert oder donnert es, der Wind streicht sanft durch die Felder, Halme tanzen im Morgenlicht. Im Gras schleicht etwas umher. Ein Vogelschwarm zieht seine Bahn am Himmel. Ich staune über die Wolkenbilder, die mich in besonderer Weise in ihren Bann ziehen und faszinieren. Rein objektiv betrachtet sind es schwebende Ansammlungen verdichteter Wassertröpfchen, in denen sich das Licht bricht. Der Wind treibt sie übers Land, ein andermal scheinen sie auf der Stelle zu stehen, so langsam sind sie unterwegs. Wolken haben wunderbar viele Ausdrucksformen: Mal kommen sie zart getupft und ganz in Weiß daher, ein anderes Mal als schwarz-lila-blaue Drohgebilde, wenn ein Gewittersturm naht. In der Morgenfrühe mischt sich ein leichter Silberton zwischen das frühlingshafte Weiß-Blau, in der Abenddämmerung schimmern die Wolken zartrosa. Großartig! Überall gibt es jede Menge zu entdecken, zu sehen, zu hören, zu fühlen.

Der Gärtner beobachtet, horcht und achtet auf jeden Samen, jede Pflanze und jede Frucht.

*

Die Wachstumsexplosion der Natur treibt uns Gärtnern den Schweiß auf die Stirn. Wir wissen gar nicht, wo wir zuerst beginnen sollen. Gras mähen, Pflanzen ins Freiland setzen, Gemüse aussäen, Kräuter schneiden oder Heilpflanzen pflegen? Wir arbeiten meist von früh bis spät, wenn der Frühling beginnt. Es ist anstrengend, abends schmerzen Arme und Beine. Und dennoch tun wir es mit stiller Freude, denn wir wissen, unsere Mühe wird reich belohnt.

Sechsmal am Tag ruft uns die Glocke zum Gebet. Manchmal fällt es mir schwer, mich dann von einer Arbeit loszureißen, die gerade meine Aufmerksamkeit fordert. Mit schnellen Schritten eile ich in den Chor, um nicht zu spät zu kommen. Aber es ist paradox: Auch wenn es manchmal stressig für mich ist, die Arbeit zu unterbrechen, geben mir die Gebetszeiten Halt und Ruhe. Arbeit und Gebet, Psalmengesang und Textlese, Garten und Klosterleben haben einen wohltuenden Rhythmus. Die geistige Orientierung tut mir gut. Ich fühle mich als Teil eines großen Ganzen. *Jubilate!*, das heißt »jauchzet, frohlocket«, heißt es in der Liturgie am dritten Sonntag nach Ostern. Danach ist mir, wenn ich an die herrlichen Frühlingstage denke.

*

»Das Bienenhaus am Rand des Klostergartens sieht so aus, wie ich mir die Villa Kunterbunt aus dem Kinderbuch von Astrid Lindgren vorstelle«, sagen manche. Auf jeden Fall ist es eine Freude, das alte Holzhaus anzuschauen: In zwei Etagen reihen sich bunte Bienenklappen und Fenster aneinander. Sie wurden in leuchtenden Farbtönen gestrichen: Rot, Gelb, Blau und Grün, immer im Wechsel. Die Farben stehen in Kontrast zur einfarbig hellen Holzfassade. An einer Ecke des Hauses sind auf Podesten drei alte Bienenstöcke aus verschiedenen Epochen ausgestellt. Oben ein kuppelförmiger

Bau, in der Mitte ein tonnenförmiger Stock – und auf dem untersten Podest ein kleines Häuschen mit Satteldach und einer Fassade aus Holzschindeln.

Das Bienenhaus ist das Reich von Br. Siegfried, unserem Imker. Seit rund hundert Jahren gibt es die Bienenzucht im Kloster. Damals waren es bis zu hundert Bienenvölker, die von der Imkerei betreut wurden, heute sind es noch etwa zwanzig, im Bienenhaus und auf einem weiteren Außenstand in der Nähe der Kapelle St. Maurus.

Im Frühjahr erwachen die Bienenvölker zu neuem Leben und schwärmen leise summend in den Klostergarten und die umliegenden Wiesen und Wälder aus. Die Bienen ernähren sich von Blütennektar, Pollen und dem sogenannten Honigtau, einem Stoff, den bestimmte Blatt- und Schildläuse ausscheiden. Das, was die Bienen unterwegs sammeln, nennt man Tracht. Sie bringen die Tracht in den Stock, dort wird sie von den fleißigen Tierchen zu Honig umgearbeitet.

Dieser ist durch die vielen Pflanzenarten, die im Klostergarten und ringsum im Donautal gedeihen, sehr aromatisch. Wir ernten sehr guten Blütenhonig und ab und an auch etwas Waldhonig.

Die Bienen überwintern im Stock. Wenn der Frühling beginnt, sitzen zunächst nur ein paar am Flugloch und schnuppern. Dann werden es immer mehr. Und irgendwann ist es so weit, dass sie ausschwärmen.

Für die Bienchen ist im Mai Hauptsaison: Zu Tausenden sind sie unterwegs im Garten. Sie sammeln den Nektar aus den Blütenkelchen von Blumen und Sträuchern und den Blüten der Obstbäume. Und sie bringen in winzigen Portiönchen Pollen und Wasser in den Stock. Aus diesen Grundstoffen entsteht der Futtersaft für die kleinen Bienenmaden, die innerhalb weniger Tage heranwachsen. Gewöhnliche Bienen brauchen dazu 21 Tage, die Königin nur 16 Tage, bis sie ausgewachsen ist.

Nach dem Schlüpfen weiß jedes Tier direkt um seine Rolle und übernimmt eine bestimmte ihm genetisch zugewiesene Arbeit für die Gemeinschaft. Drohnen, die männlichen Bienen, sind nach 10 bis 14 Tagen geschlechtsreif, verlassen dann den Bienenstock, paaren sich mit jungen Bienenköniginnen und sterben danach.

Einige Arbeitsbienen wärmen und füttern derweil die heranreifende Brut, andere bewachen den Stock oder reinigen Waben, damit die Königin dort ihre Eier ablegen kann. Die kräftigen Arbeitsbienen schwärmen in riesigen Scharen aus. Bis zu 40 000 Bienen leben in einem einzigen Volk zusammen. Manche von ihnen dienen als Kundschafter und vermitteln die Botschaft, wo es sich am meisten lohnt, Nahrung zu sammeln, mit einem Schwänzeltanz an ihre Gefährtinnen. Solange etwas zu holen ist und die Witterung es zulässt, wird gesammelt. Sogar ein leichter Regen kann die Bienen nicht davon abhalten, fleißig weiterzumachen. Wenn die Tagesausbeute reichlich ist, summt es die halbe Nacht im Bienenstock.

Ab Mai kann Br. Siegfried mit einigen Helfern meist schon den ersten Blütenhonig aus den Waben schleudern. In Abständen von etwa vierzehn Tagen füllen die fleißigen Bienen die Waben anschließend wieder.

Zwei große Gartenflächen haben Br. Markus und ich als Bienen- und Insektenwiesen angelegt. Ab August, wenn der Ertrag geringer wird, beginnt der Imker den »Wohnraum« des Bienenvolkes zu verkleinern, und füttert als Ersatz für den entnommenen Honig in Wasser gelösten Zucker als Nahrung für die kalte Jahreszeit, in der nichts blüht. Jedes Bienenvolk braucht für die Winterzeit etwa 18 Kilogramm Zucker. Im Winterhalbjahr ziehen die Bienen dann langsam von Futterwabe zu Futterwabe, um sich von der Zuckerlösung zu ernähren. Im Frühjahr und Sommer geborene Arbeitsbienen leben nur etwa 4 bis 8 Wochen. Bienen, die im September geboren werden, müssen weniger arbeiten und leben etwa 6 Monate lang. Im Spätherbst stellt die Königin die Eiablage ein und legt erst ab Mitte Januar wieder ein winziges Brutnest an.

*

Vom Bienenhaus laufe ich durch den Garten und freue mich am Zierapfel, der jetzt in voller Blüte steht. Wie bei einem Aquarell fließen die Farben in Weiß, Rosa und Rot über die Kronblätter. Der Baum erreicht eine Höhe von bis zu sechs Metern und wächst bis zu vier Metern in die Breite. Erstaunlich: Es gibt fast 500 Zierapfelsorten, die durch Kreuzungen gezüchtet wurden. Im Herbst leuchten die Früchte tiefrot, goldgelb oder orangerot. Bei manchen Sorten hängen die Äpfel sogar bis in den Winter hinein an den Zweigen. Die kleinen Äpfel sind essbar, doch da sie reich an Fruchtsäure sind, schmecken sie direkt vom Baum gepflückt für die meisten zu herb. Ab und zu greife ich dennoch zu.

Auf dem Klostergelände stehen mehrere Zierapfelbäume. Einen davon schätze ich besonders. Vermutlich war er schon lange vor meiner Ankunft in Beuron da. Er steht im Kreuzgarten, in der Nähe des Gartenhauses, das wie ein fernöstlicher Bau anmutet. Als dieses Haus vor einigen Jahren renoviert wurde, sollte der Baum gefällt werden, weil er irgendwie störte. In letzter Minute konnten wir Gärtner das verhindern. Wenn der alte Zierapfelbaum im Mai seine Blütenpracht entfaltet, bin ich einfach nur dankbar, dass wir ihn gerettet haben.

Je wärmer die Tage werden, umso unscheinbarer wirkt der Zierapfelbaum. Im Sommer sieht er verkümmert aus, als würde er sterben. Aber im nächsten Frühjahr brechen Knospen und Blüten wie ein Feuerwerk aus dem Baum hervor.

*

Der Mai, in dem Lebenskraft und Vielfalt uns umgeben, ist im kirchlichen Jahreskalender liturgisch durch die Osterzeit geprägt. Wir feiern die Auferstehung Jesu Christi von den Toten. Alles im Garten steht für das Werden, die Hoffnung und den Sieg des Lebens.

Ich bin überzeugt, dass alles eine innere Ordnung hat. Es ist ein Wissen, das auch von äußeren Fakten geprägt wird. Wissen, Verstehen und Glauben sind für mich Geschwister.

Wie entsteht Wissen? Ich lerne durch das, was mir alltäglich begegnet, und sammele Wissen durch Beobachtung. Die Philosophen nennen das: Erkenntnisfortschritt durch Erfahrung. Meine Fähigkeiten wie Sehen, Hören, Riechen, Schmecken, Tasten und Fühlen ergänzen das Wissen.

Wir haben eine Fülle an sensorischen und intellektuellen Werkzeugen, um die Welt um uns herum zu erfahren. Wenn ich durch den Garten gehe, sammle ich Eindrücke: nehme das Zwitschern der Vögel, das Rauschen der Bäume und das Zirpen der Grillen war. Der Duft von Flieder oder Oleander, von Narzissen oder Lavendel regt meine Sinne an und löst Erinnerungen aus. Düfte katapultieren uns in die Kindheit und malen uns Erlebnisse vor Augen, als würden wir sie jetzt, genau in diesem Augenblick erleben.

Manchmal riecht es im Herbst genauso wie an dem Tag, an dem ich ins Kloster eingetreten bin. Dann erinnere ich mich an meine ersten Tage in der Gemeinschaft.

Die Hirnforschung bestätigt, dass vor allem Düfte Erinnerungen aktivieren. Der Riechnerv ist der einzige Hirnnerv, der die Impulse seines Sinnesorgans, der Nase, direkt ins Hirn leitet.

Wie wird Wissen weitergegeben? Es ist unmöglich, jede Erfahrung selbst zu sammeln, Forschern über die Schulter zu schauen und auf diese Weise Wissen quasi aus erster Hand zu nutzen. Ich kann nicht wie Maria Sibylla Merian oder Alexander von Humboldt die Geheimnisse der Natur selbst ergründen, indem ich viele Länder bereise. Aber ich kann ihre Bücher lesen und staune, was sie alles entdeckt haben. Auch Leonardo da Vinci fasziniert mich als Universalgelehrter und Künstler. Johann Wolfgang von Goethe war Dichter, Maler und Begründer einer neuen Farbenlehre; Geologe, Physiker, Chemiker und Biologe. Und er war Politiker, Diplomat und Bergwerksdirektor; Leiter der Wegebaukommission und Finanzminister im Herzogtum Sachsen-Weimar-Eisenach. Beeindruckend, was dieser Mann in seiner Person vereinte – und was er alles zuwege brachte.

Doch das Leben ist heute noch viel vielschichtiger und temporeicher geworden, als es dies zur Zeit Goethes war. Wir können nur ansatzweise in die Tiefe mehrerer Wissenschaften vordringen, obwohl uns durch das Internet so viel Wissen wie nie zuvor zur Verfügung steht. Es gilt, sich selbst vor dieser Fülle zu begrenzen. Und man muss sich einen kritischen Geist bewahren, um Meldungen zu hinterfragen und Quellen zu prüfen.

Das griechische Wort *kritein* bedeutet »entscheiden« oder »unterscheiden«. Ich muss entscheiden, was gut und richtig ist – und was nicht. Das ist oft gar nicht so einfach, weil Fälschungen und Falschinformationen im seriösen Gewand daherkommen.

Naturwissenschaftliches Wissen lässt sich noch am ehesten überprüfen. Ich kann mich an Experten wenden und nachfragen. Fast immer heben mich Fragen, Austausch und Nachdenken auf einen neuen Wissensstand. Aber es gibt so viel mehr, als ich verstehe.

Je älter ich werde, umso gelassener kann ich mit ambivalenten Themen und dem Gefühl, trotz allem Mühen nicht genug zu wissen, um ein Problem zu lösen, umgehen. In der begrenzten Zeit, die ich zur Verfügung habe, ist es auch gar nicht möglich, allen Dingen, die mich interessieren, auf den Grund zu gehen.

Schon antike Philosophen stellten – obwohl sie hochgebildet waren – fest: *Ich weiß, dass ich nichts weiß!*

Nur ein demütiger Geist kann zugeben, dass Wissen immer nur Stückwerk ist. Bei meiner Arbeit im Garten erlebe ich ständig neue Überraschungen und Herausforderungen, die ein lebendiger Organismus mit sich bringt. Vieles von dem, was ich erzwingen wollte, gelingt nicht. Und anderes ergibt sich aus einer scheinbaren Laune der Natur, hinter der ein nächster Evolutionsschritt steckt. Die Natur passt sich Herausforderungen an und findet für Probleme immer eine Lösung. Da komme ich aus dem Staunen nicht mehr heraus.

In vielen Fällen braucht es Humor und einen liebenden Blick, um auszuhalten, was sich ereignet, während ich eigentlich andere Pläne verfolge. Auf den ersten Blick sieht manches aus wie eine Katastrophe. Wir stehen scheinbar vor den Scherben unseres Lebens. Alles, was wir geplant hatten, ist gescheitert. Wir sind mit unserem Latein, mit all unserem Wissen am Ende, und jeder Weg in die Zukunft scheint versperrt. Eine Beziehungskrise lähmt uns, eine Krankheit lässt den Traum zerplatzen, dem wir gefolgt sind. Wir bekommen ein Stoppschild vor die Nase gesetzt. Und dann erwächst aus der krisenhaften Situation unerwartet Neues, etwas Wunderschönes. So wie aus der hässlichen Raupe ein bunter Schmetterling wird. Und aus dem braunen Samenkorn ein wunderbarer Baum, unter dessen Krone wir Jahrzehnte später herrliche Stunden verbringen können.

Wir dürfen vertrauen, dass das Leben gelingt, denn in uns liegt das Potenzial, auf Veränderungen und Überraschungen, Verluste und Enttäuschungen zu reagieren.

Ich mag die Geschichte vom kleinen Prinzen, die Antoine de Saint-Exupéry geschrieben hat. Er lässt den kleinen Prinzen sagen: *Man sieht nur mit dem Herzen gut. Das Wesentliche ist für die Augen unsichtbar.*

Es gilt, sich nicht auf den ersten Anschein zu verlassen, sondern geduldig weiterzugraben, bis wir eine Lösung für das Problem entdecken, das uns gerade beschäftigt. Wer das Leben sucht, findet meist einen Weg.

Unsere Augen fangen Schönheit ein und sammeln Momentaufnahmen. Ich bin fasziniert von einem großartigen Ausblick in die Weite, den ich hoch über dem Tal vom Spaltfelsen aus habe. Oder ich verliere mich in der Betrachtung eines winzigen Details. Das sind für mich Momente, in denen mich der Himmel anstupst und mir die Augen öffnet, damit ich mitten in dem Klein-Klein, das der Alltag mit sich bringt, erkenne auf was es wirklich ankommt. In solchen Momenten erwacht eine Sehnsucht.

Ich glaube, dass Gott jeden Menschen auf die eine oder andere Weise berührt. Er schenkt uns die Freiheit, ihn zu suchen. Jeder darf dafür seinen eigenen Weg wählen. Für mich ist es oftmals der Weg ins Grüne, in den Garten, der so voller Leben ist.

JUNI ❧ Neue Horizonte

Am Nachmittag verdunkelt sich der Himmel, der Wind nimmt zu, dann beginnt es zu regnen. Erst sanft, dann immer heftiger. Die Gärtner haben sich ins Kloster zurückgezogen, bevor der erste Donnerschlag das Tal erschüttert. Die Landschaft ist in Schwarz und Lila getaucht. Im Lichtschein des Blitzes leuchten die Kalkfelsen vor dem dunklen Wald silbrig weiß. Dann legt sich der Gewittersturm, so schnell, wie er gekommen war. Es klart auf, der Wind treibt die dunklen Wolken in Richtung Süden. Blauer Himmel wölbt sich über Beuron, nur die Pfingstrosen, die im Sturm gelitten haben, zeugen davon, wie heftig der Sturm war. Morgen feiert die Klostergemeinschaft das Pfingstfest – auch dabei geht es darum, wie plötzlich alles durcheinandergewirbelt wird. Wind von Gott.

*

In den letzten Jahren nimmt die Anzahl der Gewitter ab, doch wenn sie wüten, stürzen Wassermassen vom Himmel, und der trockene Boden kann sie nicht aufsaugen. Trockenzeiten werden länger und Regentage weniger. Ich hoffe, dass der Sommer nicht zu trocken wird. Sonst kommen wir mit dem Bewässern nicht hinterher, um die Pflanzenkulturen, Büsche und Bäume zu erhalten.

Der Klimawandel beunruhigt mich zunehmend. Ende Juli 2020 war es für kurze Zeit extrem heiß, auch in Beuron. Wenige Tage später habe ich beobachtet, dass zahlreiche große Buchen in den steilen Hängen des Tals braun geworden sind. Sie begannen aus Wassermangel abzusterben. So etwas zu erleben tut mir im Herzen weh. Wenn ein Wald vertrocknet, Buchen und Ahorn ihre Blätter verlieren und die Kronen licht werden, ist das erschütternd. Auch

101

der Nadelwald leidet, kahle Stümpfe zeugen von der Dürre der letzten Jahre. Bei jedem Sturm und durch Schneebruch im Winter werden mehr Bäume entwurzelt.

Das Bundesministerium für Ernährung und Landwirtschaft kommt bei der sogenannten Waldschadenserhebung 2020 zu dem Ergebnis, dass vier von fünf Bäumen in Deutschland »deutliche Verlichtungen in der Krone aufweisen«. 89 Prozent der Buchen sind betroffen, 80 Prozent aller Eichen und Kiefern und 79 Prozent der Fichten. Vor allem ältere Bäume über 60 Jahre sind vom Absterben bedroht, heißt es im Waldschadensbericht.

Stürme, extreme Dürre und Borkenkäferbefall haben den deutschen Wäldern in den vergangenen vier Jahren heftig zugesetzt. Die relativ kühle und feuchte Witterung im Jahr 2021 hat dem Wald eine kleine Verschnaufpause beschert. Aber es braucht ein deutliches Gegensteuern auf allen Ebenen, damit der Klimawandel gestoppt werden kann.

Wir haben es längst erkannt, und doch wollen es einige noch immer nicht wahrhaben: Wir leben über unsere Verhältnisse. Würde jeder Mensch auf der Erde genauso viele Rohstoffen und Energie verbrauchen wie ein Mitteleuropäer, bräuchte es zweieinhalb Blaue Planeten. Aber die gibt es nicht!

Deshalb müssen wir mit dem, was wir haben, sorgfältig umgehen. Es braucht nachhaltiges Wirtschaften, wir dürfen nichts umkommen lassen. Als Gärtner mühe ich mich darum jeden Tag, so gut ich kann. Ein achtloses Wegwerfen von irgendetwas kommt für mich nicht infrage. Und ich finde es wichtig, dass Menschen wissen, woher die Lebensmittel kommen, wie man Gemüse anpflanzt und erntet, wie viele verschiedene Kräuter auf einer Wiese wachsen und wie Äpfel schmecken, die auf einer Streuobstwiese gedeihen.

Anfang Juni werden von uns im Klostergarten die im Gewächshaus großgezogenen Artischockensetzlinge gepflanzt, außerdem auch Ringelblumen und Kamille. Danach ist erst einmal eine Pause angesagt. Meistens habe ich im Juni Zeit, um fünf Tage »Hausferien« zu machen. Ich bleibe im Kloster oder beziehe ein Zimmer in St. Maurus, arbeite aber nicht. Stattdessen gehe ich wandern, entdecke immer wieder neue schöne Stellen im Donautal und fotografiere viel.

Die Wärme auf meiner Haut und der Duft nach Heu erinnern mich an meine Kindheit, an den intensiven Geruch, wenn die Wiesen bei uns im Dorf gemäht wurden. Ich lag ausgestreckt im Gras, und es kitzelte an meinen nackten Armen und Beinen. Großartig, wie der Sommerduft meine Erinnerungen weckt.

1973 kam ich zum ersten Mal als 12-jähriger Schüler bei einem Schulausflug mit meinem Bruder Alfons nach Beuron. Br. Wilhelm betreute damals die Blumen- und Gemüsebeete.

Jugendliche haben eigentlich ganz andere Dinge im Kopf als das Leben in einem Kloster, aber mein Bruder und ich, wir kamen begeistert und erfüllt von dem Besuch nach Hause.

*

Ich war ein typischer Junge, kickte Fußball, ging beinahe gern zur Schule, hatte Kumpels und Freunde im Dorf. Als Jugendlicher spielte ich in einer Band Bassgitarre, wir hatten sogar einige lokale Auftritte. Nichts deutete darauf hin, dass ich einmal Mönch werden könnte.

Nach meinem Realschulabschluss empfahl mir Frau Schmoll von der Berufsberatung, einen Büroberuf zu wählen, wie Industriekaufmann oder Sachbearbeiter im Finanzamt. Ich antwortete ihr: »Ich möchte nicht in ein Büro gehen, sondern lieber etwas arbeiten.« Frau Schmoll hat die etwas ungeschickte Formulierung Gott sei Dank mit Humor genommen.

Ich dachte kurz daran, Koch zu werden. Doch meine Hautkrankheit verhinderte es. Am stärksten zog es mich jedoch ins Freie und ins Grüne, im Spätsommer 1977 begann ich eine Gärtnerlehre. Ich war 16 Jahre alt und wusste, dass es richtig war. In einem Bürojob wäre ich wie eine Primel eingegangen.

Meine praktische Ausbildung machte ich in einem kleinen Betrieb, in dem noch jeder Arbeitsschritt von Hand erfolgte. Ich war der erste Lehrling, den der Chef eingestellt hatte. Er war zwar ein ganz guter Lehrer, doch ich hatte anfangs ganz schön zu kämpfen. Von einem Mitarbeiter wurde ich herumkommandiert und manchmal auch schikaniert. Egal wie ich es machte, es war immer verkehrt. Erst mit der Zeit wurde das Miteinander besser, und wir sind sogar Freunde geworden.

Mein Vater, Jahrgang 1926, musste wegen einer schlimmen Krankheit nicht in den Krieg ziehen, hat in dieser Zeit aber dennoch einiges durchgemacht. Für meine Brüder und mich hatte er ein großes Ziel: Wir sollten gute Menschen werden und es zu etwas bringen. Wenn wir schulfrei hatten, gab er uns Aufgaben, damit wir nicht auf dumme Gedanken kamen, wie er es formulierte. Wir sollten den Hof fegen, Holz spalten, bei der Ernte helfen, den Zaun streichen, Landmaschinen vom Rost befreien und neu streichen und vieles mehr. Kein Tag ohne Verpflichtungen. Viele davon erfüllte ich nur mit großem Unbehagen.

Auch die sogenannte Sonntagspflicht, der regelmäßige Kirchgang, war für mich nicht nur die reine Freude. Die Eltern, beide katholisch, bestanden aber darauf. Außerdem war das damals einfach üblich, da gab es gar nichts zu überlegen.

Glaube und Religion haben für mich sehr viel mit persönlicher Freiheit zu tun. Die will ich mir nicht nehmen lassen. Das Prinzip der Freiwilligkeit ist für mich die Grundlage des Glaubens. Wenn sie infrage gestellt oder eingegrenzt wird, werde ich sperrig. Glaube kann nicht erzwungen werden, so wie ich nicht an einem Sämling ziehen kann, damit er schneller wächst.

Jetzt könnte man denken, dass meine Freiheitsliebe sich an den Regeln des Klosterlebens stört. Die Zimmer, in denen wir leben, werden Zelle genannt. Aber das Kloster ist für mich trotzdem ein Ort der Freiheit. Denn ich bin aus eigenem Entschluss hier. Als ich in den Orden eintrat, entschied ich mich freiwillig, der Regel des heiligen Benedikt zu folgen. Sie führt mich zum Nachdenken und weitet meinen Horizont. Bevor ich in Beuron eintrat, besuchte ich regelmäßig Veranstaltungen einer anderen katholischen Organisation. Dort habe ich mich aber nie wirklich wohlgefühlt. Das Leben im Kloster habe ich danach als eine religiöse Befreiung erlebt.

*

Der erste Klosterbesuch als 12-Jähriger war wie ein Samenkorn in meinem Herzen. Es keimte, und der Wunsch, mir das Ganze einmal näher anzuschauen, wurde größer.

Mehrmals verbrachte ich die Faschingstage in Beuron, zum ersten Mal 1980, da war ich 19 Jahre alt. Während anderswo laut gefeiert wurde, suchte ich die Stille hinter den Klostermauern. Mein Vater brachte mich mit dem Auto nach Beuron, denn mit öffentlichen Verkehrsmitteln wäre ich einen halben Tag unterwegs gewesen. Wir reisten sonntags in der Früh an, Vater blieb zum Gottesdienst. Er war ein tiefgläubiger Mensch. Anschließend fuhr er zurück nach Dormettingen, und am Faschingsdienstag holte er mich wieder ab. Die Straße windet sich steil über den Berg und wieder ins Tal, vorbei an Wehingen, Schömberg und Dotternhausen bis in meinen Heimatort. Die Höhenunterschiede auf der knapp 38 Kilometer langen Strecke sind enorm.

Mein Vater fuhr ein für damalige Verhältnisse schickes und schnelles Auto, einen Fiat 125 in elegantem Gelb. Er war ein rasanter Autofahrer, meine Mutter hingegen bevorzugte gemächliche Fahrten und drohte deshalb unterwegs immer wieder einmal damit, »auszusteigen«. Wir Brüder dagegen, hinten sitzend, ermunterten den Vater, schneller zu fahren. Wenn wir als Familie einen Ausflug machten, gab es deshalb häufig Diskussionen.

*

Nie vergesse ich den Moment, als ich zum ersten Mal an diesem Faschingswochenende vor 42 Jahren das Gästezimmer betrat, zum Fenster ging und hinaus in den Garten blickte. Ich hatte ein ganz starkes Gefühl von Heimat.

An ein großartiges Programm erinnere ich mich nicht. Es gab wohl auch keines. Als Gast in Beuron wird man nicht gedrängt, an den Gottesdiensten teilzunehmen. Diese Freiheit tat mir damals sehr gut. Die Mahlzeiten im Kloster waren einfach, aber lecker, und auch das gefiel mir.

Ich las in einem Buch, das ich auf dem Zimmer vorfand, ging viel spazieren, streifte durch den nahe gelegenen Wald, sprach mit dem Gastpater und nahm an einigen Gebetszeiten teil. Aber die liturgischen Formen der Benediktiner, die Wechselgesänge mit Melodien, die ich nicht kannte, und die vorgetragenen Texte, waren mir fremd. Br. Wilhelm traf ich im Garten und fühlte mich dort direkt wohl, so wie bei meiner ersten Begegnung vor etwa sieben Jahren. Und ich kam wieder.

Von Mal zu Mal spürte ich, dass mir die Teilnahme an einem Klosterwochenende zu wenig ist. Ich wollte mehr, ich wollte dauerhaft bleiben. Aber ich tat mich dennoch mit der Entscheidung schwer, in die Mönchsgemeinschaft einzutreten.

Irgendwann weihte ich meine Eltern in meine Überlegungen ein.

Vater freute sich über meine Pläne, und Mutter hoffte insgeheim, dass ich mich nicht in aller Konsequenz für das Kloster entscheide. Sie hatte Bedenken, ob ich dort wirklich dauerhaft glücklich werde.

Als ich 1983 wieder zu meinem jährlichen Besuch nach Beuron kam, bat ich um ein Gespräch und um Rat. Ich wollte mit jemandem reden, der für die Aufnahme der Novizen zuständig war. Damals gab es, wie ich später erfuhr, mehrere Anwärter, die sich mit dem Gedanken trugen, der Gemeinschaft beizutreten. Ich ging in das Gespräch, um mich zu informieren, und hörte mich dann plötzlich sagen: »Ich möchte dieses Jahr noch ins Kloster eintreten!« Es war ein spontaner und ehrlicher Satz.

Meine Entscheidung behielt ich erst einmal eine Weile für mich und erzählte erst später meinen Eltern davon. Mein Vater sagte nur, er habe schon ein wenig damit gerechnet. Meine Mutter war nicht sehr begeistert. Das lag wohl auch daran, dass damals noch sehr veraltete und seltsame Vorstellungen über das Leben im Kloster herrschten.

Bald danach sagte ich auch meinem Chef in der Gärtnerei Bescheid, dass ich kündigen werde, um als Mönch nach Beuron zu gehen. Auch er schien damit gerechnet zu haben.

Aber es gab dann doch noch eine Zeit der Klärung. Ich entsinne mich an eine Situation in der Küche bei uns zu Hause, als meine Mutter mich fragte, ob ich es mir wirklich gut überlegt hätte und nicht doch noch etwas warten möchte. Ich habe ihr damals ziemlich brüsk erklärt, dass ich diesen Weg gehen will, ja muss. Mir tat der scharfe Ton später leid, es hat aber unserer guten Beziehung nicht geschadet. Ich spürte einfach: Das ist der Weg, der für mich bestimmt ist.

Am 1. November 1983 meldete ich mich vereinbarungsgemäß an der Pforte der Erzabtei St. Martin und bekam für die erste Woche im Kloster ein Gastzimmer zugewiesen.

Ein eigenes Zimmer, das war für mich etwas Besonderes. Obwohl ich 22 Jahre alt war, teilte ich mir zu Hause bei meinen Eltern immer noch ein Zimmer mit meinen zwei Brüdern. Wir hatten einfach nicht genügend Platz, damit jeder einen Rückzugsraum bekommen konnte.

Alles, was ich von daheim mitnahm, passte in einen Koffer, einen Rucksack und eine kleine Tasche. Vom Kloster erhielt ich die Wäschenummer 35. Schweren Herzens nähte meine Mutter sie in jedes Kleidungsstück, bevor ich es einpackte.

Meine Bassgitarre und den Verstärker verschenkte ich. Es ist mir schwergefallen, aber ich wusste, ich würde beides im Kloster nicht gebrauchen können.

In den Wochen vor meinem Umzug ins Kloster war ich voller Vorfreude. Aber die Stimmung daheim war manchmal etwas gedrückt. Meine Mutter ließ sich zwar nichts anmerken, später erzählte sie mir aber, wie sie mit sich kämpfen musste.

*

Wer Mönch werden will, braucht eine gewisse innere Reife und psychische Stabilität. Eine fundierte Ausbildung und im Idealfall auch Berufserfahrung sind gute Voraussetzungen. Es ist aus meiner Sicht wichtig, das Klosterleben als Gast ein wenig kennenzulernen, um sich ein Bild zu machen, was einen erwartet. In Gesprächen mit dem Abt und dem Novizenmeister werden die persönlichen Motive für einen Eintritt in die Gemeinschaft besprochen. Einer Bindung auf Lebenszeit, der sogenannten Profess, geht eine Vorbereitungszeit von knapp fünf Jahren voraus.

Die formalen Voraussetzungen für eine Aufnahme in das Kloster sind mit der Taufe, Kommunion und Firmung gegeben. Nur ein lediger Mann kann Mönch werden. Und es braucht eine Empfehlung von einem geistlichen Begleiter bzw. einer geistlichen Begleiterin sowie ein einwandfreies polizeiliches Führungszeugnis.

Mit dem Eintritt beginnt das sogenannte Postulat, das 6 Monate dauert, eine Zeit des Kennenlernens. Wenn der Abt zustimmt, kann danach eine Aufnahme in das Noviziat erfolgen. Bei der Einkleidung erhält der Postulant das Ordensgewand und den Ordensnamen.

Das Noviziat dauert 12 Monate. In dieser Zeit erhält der Novize eine Einführung in die Heilige Schrift, eine intensive Unterweisung in der Regel des heiligen Benedikt, Unterricht in Ordens- und Kirchengeschichte sowie über den gregorianischen Choral.

Nach dem Noviziat kann die Zulassung zur Ablegung der Profess für drei Jahre erfolgen. Ab diesem Zeitpunkt übernimmt der junge Mönch auch Verantwortung für bestimmte Aufgaben im Kloster.

Die ersten fünf Jahre im Kloster beinhalten drei Phasen: Kennenlernen – Prüfen – Bewähren. Als Mönch von Beuron lebe ich bewusst in Gemeinschaft mit anderen. Aber das Leben im Kloster ist kein Ersatz für Familie. Allzu große menschliche Nähe kann hinderlich sein. Es gilt die eigene Freiheit und die des Mitbruders zu wahren.

Nach einer Zeit der Bewährung im Kloster kann ein Mönch, wenn er dazu die Berufung verspürt, mit dem Einverständnis des Abtes Theologie studieren und Priester werden – oder eine Aus- und Weiterbildung in einem Berufsfeld beginnen, das zu seiner zukünftigen Aufgabe im Kloster passt.

Bei meinem Eintritt ins Kloster habe ich nicht erwartet, im Garten arbeiten zu können und war für andere Aufgaben offen. Aber ich hatte Glück, dass zu dieser Zeit ein ausgebildeter Gärtner gebraucht wurde und konnte deshalb von Anfang an im Garten arbeiten, was mich sehr freute. Da ich mich weiterbilden wollte, durfte ich die Gartenbaufachschule in Heidelberg besuchen, absolvierte dort eine einjährige Fortbildung und wurde Gärtnermeister.

*

Das Leben im Kloster war bei meinem Eintritt vor gut vier Jahrzehnten hierarchischer als heute. Es gab damals in der Erzabtei St. Martin 100 Mönche, darunter 40 mit Priesterweihe (Patres) und 60 Brüder.

Die Rangordnung spiegelte sich im Refektorium, dem Speisesaal, wider. Die Patres saßen als geweihte Priester, gestaffelt nach dem Eintrittsdatum ins Kloster, etwas erhöht an den Außenplätzen des Raumes und hatten auch andere Gläser. Diese waren feiner gearbeitet und eleganter als die großen, etwas derben Gläser der Brüder. Bis in die Sechzigerjahre hinein durften die Brüder das Stundengebet nicht im Chorgestühl mitfeiern. Als ich in Beuron eintrat, wurde die Terz noch ohne sie gefeiert, denn diese Gebetszeit war nur den Priestern vorbehalten. Es gab zudem zwei getrennte Vesper-Gottesdienste, einen für Brüder und einen für Patres. Für die Patres begann er um 18 Uhr und für die Brüder zwanzig Minuten später.

Aber all diese historisch bedingten »Klassen«-Unterschiede interessierten mich nicht wirklich, als ich in den Orden eintrat. Mein Glück fand ich nicht in der Sitzordnung, bei der Wahl der Trinkgläser oder im Chorgestühl, sondern in dem Erleben von Gemeinschaft und im Garten. Da gab es deutlich weniger zu beachten. Wir waren als einfache Brüder unter uns. Und da mich die Äußerlichkeiten nicht störten, habe ich mich nie an meiner eigenen Rolle gestoßen. Die innere Haltung, der Glaube, war für mich stets das Wichtigste. Und wer schon einmal Blumen gepflanzt, Bäume beschnitten und Samen ausgesät hat, weiß, wie kontemplativ die Arbeit im Garten sein kann.

Heute ist das Miteinander von Brüdern und Patres im Kloster anders. Wir sitzen gemeinsam im Chorgestühl, und auch bei Tisch wird nicht unterschieden, wer welchen »Rang« hat. Nur der Abt, der Prior und der Subprior sitzen im Refektorium an einem besonderen Tisch an der Stirnseite des Saales.

»Karriere« habe ich im Kloster nicht gemacht. Als der alte Gärtner-meister aus gesundheitlichen Gründen nicht mehr weitermachen konnte, bin ich in seine Fußstapfen getreten. Und dabei ist es geblieben.

Meine grüne Arbeitskleidung trage ich Tag für Tag mit Freude, genauso wie den schwarzen Habit zu den Gebetszeiten. Wenn mich jemand wegen meiner guten Arbeit im Garten lobt, freue ich mich. Aber bloß nicht zu viel des Lobes. Denn das macht mich total verlegen. Da halte ich es mit der Schwäbischen Lebensweisheit: »Ned gschimpft isch gnuag globt« (»Nicht geschimpft ist schon genug gelobt«).

*

Im Juni, wenn das meiste gesät und ausgepflanzt ist, freue ich mich im Garten besonders an den Lupinen. Sie gehören zu den ältesten Kulturpflanzen der Erde. Schon vor 4 000 Jahren wurden sie angebaut. Die Staudenpflanze wird bis zu einem Meter hoch, ihre Blatt-stiele sind lang, und die weichen Blattspreiten unterteilen sich handförmig in bis zu 28 Finger. Wassertropfen sitzen wie Perlen auf den silbrigen Blatthaaren. Jeder Blütenstiel sieht mit seiner Knospe verschwenderisch aus. Wie bunte Ähren ragen die Blüten-stände auf und strahlen in den Farben Weiß, Gelb, Rosa, Rot, Lila, Blau und allen Tönen dazwischen.

Ich freue mich jedes Mal, wenn ich an einer blühenden Lupine im Klostergarten vorbeigehe, und danke Gott für ihre Schönheit im Überfluss.

*

Während meiner Ausbildung zum Gärtnermeister in Heidelberg/ Ziegelhausen habe ich bei den Benediktinern im Kloster Neuburg mitgelebt. Ansonsten war ich außer dem kurzen jährlichen Urlaub, einigen dienstlichen Fahrten für unseren Gartenbaubetrieb und kurzen Ausflügen in die Nähe eigentlich immer im Kloster. Es lockt mich auch nicht, irgendwohin zu fahren, heute noch weniger als früher.

Nur ein einziges Mal in meinem Leben habe ich eine größere Reise machen dürfen. Br. Markus hatte mir die Idee ins Ohr gesetzt und auch gleich ein passendes Angebot für eine Pauschalreise mit der Überschrift: »Im Land der Mitternachtssonne« zur Hand.

Spontan dachte ich: »Ist das schön! Was für eine herrliche Landschaft!«

Als ich mich nach einigem Hin und Her entschieden hatte, den Gedanken weiterzuverfolgen, und beim Reiseveranstalter anrief, war das Angebot schon ausgebucht. Aber ich hatte an der Idee Gefallen gefunden, besprach das Vorhaben mit meinem Ordensoberen und bekam tatsächlich die Erlaubnis, in den Norden zu reisen.

Als Mönch fährt man nicht einfach so in den Urlaub, sondern in Übereinstimmung mit dem Abt und der Gemeinschaft. Aber jetzt war der Weg frei, und ich hatte das sichere Gefühl, dass alles gut wird. Ich fand ein anderes, wirklich schönes Angebot und meldete mich für eine siebentägige Reise nach Schwedisch-Lappland an. Bereits fünf Wochen später ging es am 1. Juni 2016 los, zunächst mit dem Zug nach Düsseldorf und am nächsten Tag von dort mit dem Flugzeug nach Umeå, einer größeren Stadt (80 000 Einwohner) in der Mitte des Bottnischen Meerbusens.

Es war der erste Flug meines Lebens. Ich habe es sehr genossen, aus dem Kabinenfenster auf die Wolken und auf die Landschaft zu schauen, beim Landeanflug ganz weit unten das Meer und die Stadt zu entdecken und all das zu fotografieren. Schweden!

Die kleine Reisegruppe, alles Natur und- Kulturinteressierte aus Deutschland, traf sich am Flughafen von Umeå mit unserer Reiseführerin Jutta, einer Schweizerin. Mit einem 20-sitzigen Bus ging es, vorbei an vielen Flüssen und kleinen Seen, durch Wiesen und Wälder nach Norden, in Richtung Norwegen.

Neben Fichten, Tannen und Kiefern gibt es in Schweden sehr viele Birken, die es mir wegen ihrem hellen Laub und der weißen Rinde besonders angetan haben. Die Birken verleihen der Landschaft etwas Leichtes, geradezu Liebliches. Überall stehen in kleinen Siedlungen auch die typischen, rot gestrichenen Holzhäuser mit weißen Fenster- und Türrahmen. Auf der grünen Wiese davor weht das weiße Wollgras im Wind. Wie schön!

Kommt man weiter nach Norden, wird das Land zunehmend hügeliger und dann richtig bergig. In einer äußerst dünn besiedelten Gegend in Nordschweden liegt inmitten großer Wälder der Ort Fatmomakke, eine ehemalige Samisiedlung, die auch heute noch für Zusammenkünfte genutzt wird.

Am fünften Tag unserer Reise passierten wir die norwegische Grenze und fuhren dann weiter in Richtung Polarkreis. Während der gesamten Zeit wurde es nachts nicht dunkel. Selbst um Mitternacht war es fast so hell wie am Tage.

In Tärnaby, nahe der norwegischen Grenze, haben wir zweimal übernachtet. Das tiefe Blau des Sees und die schneebedeckten Gipfel der Berge sind sofort wieder präsent, wenn ich daran denke. Zweimal überquerten auf unserer Tour einige Rentiere die Landstraße. Anders als in Deutschland stellt ein derartiger Wildwechsel in der Regel kein großes Problem dar. Denn es gibt wenig Autoverkehr, es wird langsam gefahren, und die Tiere haben grundsätzlich Vorfahrt!

Auf der Rückfahrt besuchten wir in Südschweden in der Nähe von Kristineberg ein Bergwerk. Der Bergarbeiter Albert Jönsson hatte dort am 29. November 1946 ein besonderes Erlebnis. In der Nacht davor war ein neuer Gang in den Felsen gesprengt worden. Morgens entdeckte Jönsson, als er in aller Frühe die Arbeit aufnahm, in diesem Abschnitt an der Bergwand eine Christusfigur, die sich hell auf der dunklen Wandfläche abzeichnete. Er rief seine Kollegen, die ebenso wie er von diesem Bild im Felsen tief bewegt und ergriffen waren. Ein Foto der Christusfigur verbreitete sich weltweit und wurde kurze Zeit später sogar im amerikanischen Magazin *Life* abgedruckt. Zahlreiche Besucher strömten neugierig an den Ort, der nur über den Grubenlift und Leitern erreichbar war. Einige Wochen später ließ die Grubenleitung den Raum in 107 Metern Tiefe wieder mit Abraum verfüllen.

Jahre später wurde in 90 Metern Tiefe zur Erinnerung an die Erscheinung eine Kapelle eingerichtet. Als Gruppe sangen wir dort zwei Strophen des Liedes »Großer Gott, wir loben dich«. Wenn ich daran denke, bekomme ich leichte Gänsehaut, so schön war die Atmosphäre.

Insgesamt waren wir auf unserer Reise mehr als 1600 Kilometer in Schweden und Norwegen unterwegs.

Die Weite des Landes strahlt eine unglaubliche Ruhe und einen tiefen Frieden aus. Sofort nach der Ankunft fühlte ich mich irgendwie zu Hause, und die Zeit schien langsamer zu fließen.

Die Lebensart der Sami, die früher im Norden als Nomaden ihren Herden gefolgt sind, ist an vielen Stellen immer noch spürbar. Man nennt sie auch die Indianer Nordeuropas. Sie leben nach der Philosophie: »Zuerst die Natur, dann der Mensch.«

Es gibt heute noch etwa 70 000 Sami in Nordskandinavien, ihre Zahl nimmt ab, sie kämpfen um ihre Kultur und ihren Lebensraum.

Für mich war die Reise ein Aufbruch zu neuen Ufern und durchaus eine große Herausforderung, das Gewohnte und Liebgewonnene, das gesicherte Leben für eine Weile hinter mir zu lassen. Aber das, was ich fand, war wunderbar.

Zum ersten Mal in meinem Leben war ich mehrere Tage am Stück nur unterwegs und habe in wechselnden Unterkünften übernachtet. Aber ich fühlte mich überall nach kurzer Zeit zu Hause.

Die Reise hat meinen Horizont geweitet, und ich hoffe sehr, dass ich irgendwann noch einmal in den Norden reisen kann, um Land und Leute besser kennenzulernen.

Mein Leben als Mönch im Kloster ist durch genau strukturierte Abläufe geregelt. Immer wiederkehrende Elemente und Riten gliedern den Tag, die Woche, das Jahr und das ganze Leben. Ordnung ist gut und sinnvoll. Aber sie ist nicht alles.

Auf meiner Reise in den Norden habe ich das Unterwegssein genossen, es war das pure Kontrastprogramm zum Klosterleben. Im Nachhinein ist mir ein Satz des Priesters und Schriftstellers Heinrich Spaemann in den Sinn gekommen, der davon gesprochen hat, dass es gut ist, wenn wir als Christen »wie in Zelten leben«. Zelten, die von einer Stunde auf die andere abgebaut werden können, um sie an einen neuen Ort zu versetzen. Und eben nicht nur große Kathedralen, Kirchen und andere Gebäude, die uns binden. Es ist wichtig, dass wir geistig und mit Blick auf unseren Glauben beweglich bleiben. Dass wir nicht auf Dauer stehen bleiben und uns an einen Ort, an einen Lieblingsgedanken oder eine bestimmte Person oder Gruppe klammern.

Zum Wesen des Mönchseins gehört es, Gott zu suchen. Er lässt sich überall finden, wenn wir es wollen. Ich hatte den Eindruck: Gott war mir auf der Reise in den Norden ganz nah. Es gibt in Schweden und Norwegen Landstriche, wo man den Eindruck hat: So war es am Beginn der Schöpfung! So schön, unberührt und friedlich.

JULI ❦ Refugium

Die Donau ist mit 2857 Kilometern Länge der zweitlängste Fluss Europas. Sie entsteht durch den Zusammenfluss der beiden Quellflüsse Brigach und Breg bei Donaueschingen und durchfließt 10 Länder, bis sie ins Schwarze Meer mündet.

Das Obere Donautal ist vor etwa 145 bis 150 Millionen Jahren am Rand eines urzeitlichen Meeres entstanden. Das subtropische Klima und die warmen Meeresströmungen in der Jurazeit boten optimale Bedingungen für die Entwicklung vieler Pflanzen- und Tierarten. Kieselschwämme bedeckten den Meeresboden, Schwammriffe entstanden und zerbrachen wieder, in Senken lagerte sich schichtweise Kalk ab. Die für das Obere Donautal heute charakteristischen, großen Kalkfelsen sind Überbleibsel der Millionen Jahre alten Riffe, durchsetzt von kristallisiertem Kalkschlamm. An einigen Stellen reichen die weißen Felsen bis an die Donau. Das Kalkmassiv ist – das haben Bohrungen ergeben – partiell über 200 Meter hoch.

*

Ausgedehnte Wälder, Trockenwiesen und Felsbiotope bieten in einer von Menschen wenig besiedelten Region einen idealen Lebensraum für viele Pflanzen- und Tierarten. Fast 900 Farn- und Blütenpflanzen sind im Donautal nachgewiesen. Darunter viele besondere Arten wie Bergsteinkraut, Blauer Lattich, Federgras, Grauer Löwenzahn, Kalk-Aster, Steinröslein und Kreuzenzian. Der wächst sonst vor allem in den Alpen. Naturschützer und Biologen freuen sich zudem an Felsenkirschen-Gebüschen, feuchten Hochstaudenfluren oder Kalk-Pionierrasen. Im Naturschutzgebiet

123

Oberes Donautal gibt es Orchideen-Buchenwälder und Auenwälder mit Erlen, Eschen und Weiden. Ich liebe den Geruch des Waldmeisters, der an einigen Stellen im Buchenwald gedeiht. Auch eine Reihe von andernorts selten gewordenen Tieren findet bei uns in der Region gute Lebensbedingungen, beispielsweise der Alpenbock, Biber, Dohle, Kolkrabe, Uhu und Wanderfalke. Oft habe ich schon dem Roten Milan zugeschaut und gestaunt, wie er sich ohne einen Flügelschlag in der aufsteigenden Luft kreisend nach oben schraubt, bis er nicht mehr zu sehen ist. In den Höhlen des Donautals leben das Große Mausohr und die Zwergfledermaus.

Ein Refugium ist ein sicherer Ort, an den wir uns zurückziehen können, um ungestört zu sein. Eine Zuflucht in Notzeiten. Das Obere Donautal ist als Naturschutzgebiet ein Refugium für Tiere und Pflanzen. Und die Erzabtei St. Martin in Beuron ist ein Rückzugsort für Menschen, die inmitten einer lärmenden Welt die Stille suchen; Mönche – und ihre Gäste. Der Klostergarten ist mein persönliches Refugium. Meine Zuflucht und mein großes Glück. Hier bin ich richtig, fest verwurzelt im Donautal.

*

Im Juli wird es an manchen Tagen, wenn die Sonne vom Himmel brennt, sehr heiß. Die Kalkfelsen reflektieren die Wärme, und eine schwüle Hitzeglocke hängt im Talkessel. Dann ziehe ich mich gerne hinter die kühlen Klostermauern zurück, in die dickwandige Klosterkirche oder in die unterirdische Krypta mit ihren wunderbaren bemalten Gewölben.

Vor dem Hochsommer und seinen Hundstagen habe ich großen Respekt. Hitze und Schwüle verstärken meine Hautprobleme. Wenn die ersehnte Abkühlung ausbleibt, was zum Glück im Tal eher selten vorkommt, bin ich froh, dass die dicken Klostermauern die Hitze abschirmen. So ist es vor allem nachts meistens erträglich. Tagsüber muss ich natürlich raus in die Wärme. Und die Arbeit ist beschwerlich, wenn es so heiß ist: Tragen, Gießen, Bücken, Schneiden, Jäten, Schippen, Schleppen, Bücken, Schneiden, Gießen, Ernten. Der Tag im Garten beginnt im Juli schon manchmal früh um 7 Uhr, wenn wir das erste Mal den Garten bewässern. Und auch nach 20 Uhr sind Br. Markus und ich manchmal noch draußen, um die Pflanzen zu gießen, damit nichts verdorrt.

An Tagen, an denen es ganz extrem ist, dient mir der kühle Keller als Rückzugsort. Dorthin kann ich manche Arbeiten verlagern. Aber ich sehne mich nach den kühleren Tagen im Herbst.

Die Tomaten sind im Juli reif, und wir freuen uns über die saftigen Früchte. Heilpflanzen wie Kamille, Ringelblume und Lavendel stehen in voller Blüte und verströmen ihren intensiven Duft. Sie sind der Grundstoff für unsere Cremes.

*

Mit einem Strohhut auf dem Kopf stehe ich auf meine Hacke gestützt inmitten eines Blumen- und Blütenmeeres und verschnaufe ein wenig. Dann geht es weiter. Es gibt so viel zu tun – und es ist so unglaublich heiß. Das Thermometer zeigt 32 Grad Celsius im Schatten an, in der Sonne wird die Temperatur noch höher sein.

Bald wird es zur Vesper läuten, denke ich und schaue kurz auf die Uhr. Dann mache ich eine längere Pause und fülle meine Wasserflasche noch einmal auf.

Manchmal blitzt für einen Moment, wenn es besonders viel zu tun gibt, in mir der Gedanke auf: Ausgerechnet jetzt läutet es. Dabei wäre es gut, direkt weiterzumachen, schnell noch das eine oder andere wegzuarbeiten, was besonders drängt. Aber nun ist Gebetszeit. Und ich folge dem Ruf der Glocke.

Wie oft höre ich von Gästen, dass es auch ihnen schwerfällt, die Arbeit zur Seite zu legen und ausreichend Pausen zu machen. Dass es quasi keinen richtigen Feierabend mehr gibt, seit sie im Homeoffice arbeiten, weil sie mittags nur nebenbei ein Brot essen und nach dem Abendbrot einfach weitermachen. Auf der Couch sitzen, emsig tippen und nebenbei womöglich noch telefonieren – das ist Alltag geworden. Multitasking nennt man das. Frauen können es angeblich besser als Männer. Dazu kann ich wenig sagen. Mir geht es jedenfalls so, dass ich es unheimlich anstrengend finde, wenn ich das Gefühl habe, dass mehrere Dinge gleichzeitig erledigt werden müssen.

Der klare, von der Regel und der Klosterglocke vorgegebene Takt ist für mich ein Segen, auch wenn ich das nicht immer direkt so sehe und mir mein Gefühl etwas anderes sagt. »Mach ruhig weiter ...«, flüstert mir ein zartes Stimmchen ins Ohr. »Fleiß wird belohnt«, raunt der Schwabe in mir. »Und das bisschen schaffst du auch noch weg, wenn du dich richtig anstrengst.« Dabei ist es völlig illusorisch, alles zu schaffen! Fertig wird man im Klostergarten ohnehin nie, auch wenn man sich noch so anstrengt. Klar erreiche ich einige meiner Tagesziele, manchmal sogar alle. Die Ernte wird eingebracht, der Likör rechtzeitig für den Verkauf in Flaschen gefüllt.

Aber am Ende des Tages bleibt immer noch etwas liegen, was auch getan werden könnte. Daran ändert sich nichts, egal wie viel, wie intensiv und wie lang ich arbeite. Wem geht es nicht so?

Der Garten lebt durch die Balance unterschiedlicher Kräfte. Und auch ich lebe erfüllter und zufriedener, wenn ich mein inneres Gleichgewicht zwischen Anspannung und Entspannung gefunden habe.

Höre, mein Sohn, auf die Weisung des Meisters, neige das Ohr deines Herzens, heißt es in der Benediktsregel. Und das Sprichwort sagt:

»Schreib es dir hinter die Ohren.« Bei diesem Gedanken muss ich lächeln.

*

Manche Augenblicke sind richtig heilsam, um das mit der Entspannung zu üben. Zum Beispiel, wenn ich die Zierkastanie betrachte, die wir vor über dreißig Jahren im Kreuzgarten gepflanzt haben. Inzwischen ist ihre Krone auf eine Breite von fast fünf Metern angewachsen. Die Blätter des Baumes sind auf der Oberseite matt- und auf der Unterseite hellgrün. Im Herbst färben sie sich gelb; im Frühjahr sieht die Zierkastanie exotisch aus. Ihre Triebe bilden dicke Knospen, und die Blätter wachsen unterseitig, als wollten sie sich vor der Blüte verneigen. Aus der Knospe ragen kleine Dolden, die wie perlenbesetzte Broschen aussehen.

Jetzt im Juli wirkt die Zierkastanie majestätisch. Die Dolden sind bis zu zwanzig Zentimeter gewachsen und entfalten jeweils bis zu fünfzig Blüten.

Eine Weile bleibe ich stehen, auch wenn ich es eigentlich eilig habe. Es ist einfach zu schön, diese Pracht anzusehen. Und es tut der Seele gut.

Von allen vier Seiten führen von Buchsbaumhecken gesäumte Wege zum Brunnen in der Mitte des Kreuzgartens. Der Rand des Wasserbeckens ist mit Feldsteinen belegt. Aus einer quadratischen Säule, die von einem steinernen Kreuz gekrönt wird, sprudeln inmitten des Beckens fächerförmige Fontänen zu den Rändern. Ein Spatz badet.

Der Kreuzgarten ist Teil des Klausurbereichs. Hier sind wir als Mönche unter uns. Denn den Gästen ist der Eintritt verwehrt. Sie haben ihren eigenen Bereich im Gastflügel und gehen ansonsten viel im Wald spazieren, wenn sie für ein paar Tage ins Kloster kommen. Rückzugsorte zu haben, das ist für uns alle wichtig.

*

Früher war für die meisten Menschen nach der Arbeit die eigene Wohnung der Rückzugsort. Auf dem Heimweg bekam man im besten Fall bereits ein wenig Distanz zum stressigen Tagwerk und konnte sich dann zu Hause etwas Bequemes anziehen, gemütlich zu Abend essen und den Feierabend genießen.

Wo aber ruhen wir uns aus, wenn der Büroarbeitsplatz und der Couch- oder Esstisch in der Wohnung inzwischen eins sind?

Die Corona-Pandemie hat vieles verändert, auch das Berufsleben. Manche arbeiten, wie ich gehört habe, inzwischen auch vom Bett aus, wenn Homeoffice angesagt ist. Einige tragen dazu ein schickes Hemd oder eine Bluse und dazu Bermudashorts, weil man in der Videokonferenz ohnehin nur den Oberkörper sieht.

Grenzen verschwimmen, Arbeit und Freizeit gehen ineinander über. Das klingt zunächst verlockend. Aber es kann zur Falle werden, wenn wir uns nicht irgendwann, bevor es überhandnimmt, innerlich und äußerlich abgrenzen und uns ein persönliches Refugium suchen. Einen Ort des Rückzugs, an dem wir ausruhen können.

Ich lege meinen Blaumann ab und ziehe den Habit an, um in die Vesper zu gehen.

*

Grenzen schien es lange Zeit in Europa nicht mehr zu geben. Als ich ein Kind war, musste man auf der Fahrt nach Österreich an der Grenzstation noch den Pass zeigen. Der Zöllner winkte durch oder warf vorher noch einen prüfenden Blick in den Kofferraum, ob man wirklich nichts zu verzollen hatte. Andere Grenzen waren schier unüberwindbar, der Eiserne Vorhang des Kalten Krieges trennte den Osten vom Westen. Und die DDR sperrte ihre Bürger ein.

Geschlossene Grenzen und Zollstationen gibt es schon seit mehr als 40 Jahren in Europa nicht mehr. Ende der 70er-Jahre des letzten Jahrhunderts wurden sie abgeschafft. 1989 fiel die Mauer, die DDR-Grenzbefestigung, der Todesstreifen wurde abgerissen, Schlagbäume verschwanden.

Spätestens nach dem Fall der innerdeutschen Mauer war es für uns als Deutsche ganz selbstverständlich, überallhin reisen zu können, solange das Geld und die Zeit dafür reichten.

Begrenzungen kennen wir natürlich immer noch, vor allem im Kopf. Wir finden andere Menschen zuweilen irgendwie seltsam, weil sie komisch sprechen oder nicht so handeln, wie wir es gewohnt sind.

Die Pandemie machte dem Reisen ein jähes Ende, und Begegnungen wurden zeitweise auf ein Mindestmaß eingeschränkt. Es blieb zunächst nur der Rückzug ins Private, in die eigenen vier Wände. Viele unserer Angestellten im Kloster, mit denen ich darüber sprach, fanden die ersten Wochen ganz schrecklich, vor allem wegen der Ungewissheit, wie es weitergeht. Einige merkten aber auch, dass es zu Hause ganz schön sein kann, weil längst Vergessenes ganz neu in den Blick geriet. Es wurde zu Hause als Familie wieder jeden Tag zusammen gekocht und gegessen, gespielt und gepuzzelt. Diejenigen, die vorher insgeheim darunter gelitten hatten, dass sie nur selten zu Hause waren und zur Ruhe kamen, hatten plötzlich Ruhe satt.

Viele entdeckten die eigene Heimat auf Spaziergängen und Radtouren in neuem Licht. In Deutschland Urlaub zu machen ist wieder attraktiv geworden. Die Krise kann manchmal ein guter Lehrmeister sein.

Aber ich bin nicht blauäugig. Die Pandemie war und ist vor allem schrecklich, anstrengend und verheerend. Ich denke an all die Toten und Dauerkranken, an Menschen, die für lange Zeit in Kurzarbeit gehen mussten, arbeitslos wurden oder als Selbstständige einen großen Teil ihres Einkommens verloren haben. An Pflegekräfte, Ärztinnen und Ärzte, Ordnungskräfte und viele andere, die durch die Pandemie bis an den Rand ihrer Belastungsgrenze gebracht wurden – oder sich völlig erschöpft krankmelden mussten.

Wenn äußerlich vieles wankt, wenn alle bisherigen Gewissheiten ausgedient haben, brauchen wir starke Wurzeln und Halt im Leben. Wie gut, dass Gott uns zuspricht: *Du kannst nicht tiefer fallen, als in meine Hand.* In Psalm 91 heißt es:

Denn er befiehlt seinen Engeln, dich zu behüten auf all deinen Wegen. Wir sind geborgen, was auch geschieht.

AUGUST ❦ Gedanken in der Sommerhitze

Umrahmt vom Südflügel der Klausur, dem Klerikatsbau und der alten und neuen Bibliothek liegt der Mariengarten in einem Teil des Klosters, zu dem nur die Mönche Zutritt haben. Wege und Buchsbaumhecken gliedern eine Fläche von circa 2300 Quadratmetern, in deren Mitte ein Brunnen steht. Wasser sprudelt in einer Fontäne an der Spitze des Brunnens, fließt dann von einer kleinen Schale in drei darunterliegende, größere, kelchförmige Becken. Das untere sitzt auf dem Boden auf. Tropfen tanzen im Sonnenlicht. Im Arkadengang geht ein Mönch am Mariengarten vorbei in Richtung Klosterpforte.

*

Wenn ich Besucher an der Pforte empfange, ist dies oft mein Weg. Und ich genieße den Anblick des Mariengartens mit den acht von Buchshecken eingesäumten Grasflächen, die im Juni durch das gelb blühende Habichtskraut leuchten, das sich zwischen die Gräser geschlichen hat. Früher ein Nutzgarten, dient der Mariengarten heute eigentlich nur noch der Erholung und der Freude. Das Ganze wäre perfekt, wenn uns die 800 laufenden Meter Buchsbaumhecken im Kloster als Gärtner nicht immer wieder in besonderer Weise fordern würden. Meist holen wir uns für die Pflege und den Schnitt Hilfe von außen – sonst wäre das alles nicht zu bewältigen.

Die Tage im Garten sind lang, aber effektiv kann ich dort meist nicht mehr als 7 Stunden wirklich arbeiten. Wenn man zu den fünf Gebetszeiten (ora) die 7 Stunden Arbeit (labora) pro Tag hinzurechnet und dann noch die Zeit für die drei Mahlzeiten addiert, die in der Gemeinschaft der Mönche eingenommen werden, bleibt nicht mehr allzu viel Zeit übrig. Auch ein Mönch braucht schließlich 6 bis 8 Stunden Schlaf und Zeit für die Körperpflege. Gerade in den Sommermonaten ist im Garten jede Menge zu tun, und ich komme kaum dazu, beim Arbeiten kleine Pausen einzulegen. Ich merke durchaus, dass ich mittlerweile über sechzig Jahre alt bin und mir die harte Gartenarbeit zusetzt. Mich bei all den Aufgaben auf eine Sache zu konzentrieren fällt mir manchmal nicht leicht.

Im August ernten wir Basilikum, Tomaten, Paprika, Kopfsalat, Bohnen, Zucchini, Zwiebeln, Kamille, Ringelblume und manches andere. Und ich stelle Pflanzenauszüge her. Was das ist und wie es funktioniert, will ich kurz erklären: Die Kräuter werden alle von Hand geerntet, streng ausgewählt, sortiert und wenn nötig gewaschen. Wir verwenden die Blüten und Blätter, manchmal auch ganze Stiele oder Wurzeln. Die meisten Pflanzenteile werden nicht zerkleinert, da dies Nachteile für das Aroma hat, sondern im ursprünglichen Zustand in eine alkoholische Lösung gelegt. Anders ist es bei den Artischockenblättern, die wir häckseln, um deren Zellstruktur zu zerstören. Auf diese Weise gelangt der Zellsaft samt Inhaltsstoffen leichter in den Alkohol. Um Auszüge von Basilikum und Bärlauch herzustellen, verwenden wir Essig. Die Flüssigkeiten entziehen den Pflanzenzellen bestimmte Inhaltsstoffe, je nach Dauer des Vorgangs. Das Ganze nennt man Mazeration.

Viele haben, wenn sie an eine Kräuterküche im Kloster denken, Bilder im Kopf, die sie in Filmen wie *Der Name der Rose* gesehen haben: alte Apothekerschränke im Hintergrund, Eichenholz, Gewölbedecken, Steinmörser, Tonkrüge … Ein Mönch steht im dunklen Habit in der Mitte des Raumes und hat seine Kapuze übergezogen, da es in den alten Gemäuern grundsätzlich kühl ist. Und ein junger Novize schaut staunend zu, wie er das alles macht.

Die Realität sieht heute ganz anders aus: Der Keller, in dem ich arbeite, ist schmucklos, die Metalltische entsprechen den Vorschriften moderner Arbeitshygiene. Reinen Alkohol lasse ich in 200-Liter-Metallfässern liefern, der Häcksler läuft zum Glück mit Strom, und die alkoholischen Auszüge setze ich in Edelstahlgefäßen oder Kunststoffbottichen an, manches auch in Glasbehältern. Ich trage bei der Arbeit auch nicht den schwarzen Habit der Benediktiner, sondern meine grüne Gärtner-Arbeitskleidung und eine schlichte Kappe. Alles andere wäre unpraktisch.

Es macht einen Unterschied, ob man das leicht duftende Aroma der Lavendelblüte einfangen will oder die Bitterstoffe und manches mehr aus einem Artischockenblatt.

Für den einen Vorgang reicht eine Stunde – und mehr wäre auch nicht gut. Und in einem anderen Fall braucht es bis zu drei Wochen, um ein ideales Ergebnis zu erzielen. Je nach Pflanzenart entscheide ich, wie lange welche Pflanzenteile im Alkohol schwimmen und ausgelaugt werden und welche Konzentration perfekt ist. Danach siebe ich alle Pflanzenreste aus dem Alkohol, lasse das Mazerat (das heißt den Extrakt) eine Zeit lang stehen, was dem Ganzen guttut. Später wird dann alles noch einmal fein filtriert. Alles in allem stelle ich jährlich mehrere Hundert Liter Pflanzenauszüge her, die für unsere verschiedenen Produkte Verwendung finden.

*

Die Wilde Karde begeistert mich. Wenn sie blüht, surrt das Leben um sie herum, denn sie lockt Bienen, Hummeln und Schmetterlinge an. Dabei wirkt die Pflanze auf den ersten Blick für das menschliche Auge nicht einladend, denn sie ist mit Stacheln übersät. Stängel, Blätter, Blüten wappnen sich auf diese Weise gegen Bissfeinde, zu denen unter anderem die Rehe gehören. Die Karden gehören zur Familie der Disteln und erreichen eine Höhe von zwei Metern. Der kundige Gärtner weiß, dass man die knackigen Blattstiele essen kann. Sie schmecken ähnlich wie Artischocken. Aber im Unterschied zu diesen sind die Blütenböden der Wilden Karde nicht essbar. Schon in der Antike nutzte man deren Wurzeln zur Behandlung von Hauterkrankungen, Gelenkschmerzen und Darmbeschwerden. Wenn man die Wurzeln der Wilden Karde im Spätsommer ausgräbt und in Alkohol einlegt, wirkt die Essenz antibakteriell, entzündungshemmend und antimykotisch. Die Tinktur wird in der Naturmedizin gegen Erkrankungen von Magen, Leber und Galle eingesetzt. Sie soll auch bei Gicht, Gelbsucht oder Durchfall helfen. Im Kloster nutzen wir die Karde nicht zu irgendwelchen Zwecken. Sie wächst einfach so, und wir freuen uns an ihrem Anblick, auch wegen der Insekten.

Als Fotograf suche ich oft ganz unbewusst das Ungewöhnliche, die Wilde Karde fiel mir mit ihrer Schönheit auf. Ihre Blüten sehen wie violette, stachlige Eier aus. Mit einer Länge von 8 Zentimetern sind sie etwa so groß wie ein Gänseei. Wenn die ersten Kornblätter blühen, bilden sie einen Kranz um die Eimitte. Nach und nach entfalten sie sich nach oben und unten, bis das Ei komplett von blauvioletten Blüten überzogen ist.

Als ich das erste Mal eine Weile lang vor der Pflanze verharrte, bemerkte ich ihre Anziehungskraft auf Insekten. Hummeln, vor allem Erdhummeln, krabbeln gemächlich von Blüte zu Blüte und rüsseln den Nektar. Schwebfliegen und Faltenwespe surren um die Wilde Karde herum. Sie kommen nicht an den Nektar, stattdessen sammeln sie Pollen.

Die Karde ist eine Zisternenpflanze. Ihre Kelchblätter sind wie Becher geformt, darin sammelt sich Regenwasser. Wespen holen sich einzelne Tropfen, um in der Hitze ihr Nest zu kühlen. Die Karde blüht bis in den Herbst hinein und bleibt faszinierend. Wenn der Frost sie erstarren lässt, ragt sie wie eine eisige Kunstskulptur aus der Wiese empor.

*

Vieles nehme ich erst in der Spätphase meines Lebens wahr, obwohl es schon immer da war. Erstaunlich: Wie kann es denn sein, dass mir diese Schönheit oder jene Besonderheit nicht schon vor 10, 20 oder 30 Jahren aufgefallen ist?

Da streife ich am Ufer der Donau entlang und entdecke mit einem Mal ein winziges Detail, für das ich bislang keine Augen hatte, und erkenne plötzlich Zusammenhänge – wie das eine oder das andere in der Natur einander dient.

Manches habe ich vielleicht vorher schon unbewusst wahrgenommen. Aber jetzt sehe ich erstmals, wie es wirklich ist.

In Routine und Geschäftigkeit verlieren wir schnell den staunenden Blick. Doch wir können neu lernen, aufmerksam durch die Welt zu gehen. Dazu braucht es Mußezeiten, Momente der Stille, Zeiten, in denen ich ganz bei mir selbst sein kann.

Meditation kann helfen, zur Ruhe zu kommen. Gleichmäßig ein- und auszuatmen, mich auf etwas zu konzentrieren.

Tageszeitengebete kann man auch außerhalb der Klostermauern für sich selbst feiern: morgens den Tag mit einem Gebet beginnen, mittags zwischen Arbeit und Essenszeit eine kleine Pause einzulegen, eine Minute schweigen. Dann ein schlichtes Tischgebet sprechen – Danke sagen für das, was ist. Und abends ist es gut, den Tag damit zu beenden, das eine oder andere noch einmal in Ruhe zu bedenken. Was habe ich gesehen und gehört? Für was oder wen bin ich dankbar? Was schmerzt mich, was stört? Was will ich morgen anders und besser machen?

Wer so lebt, wird achtsamer. Und bestimmt auch glücklicher. Denn grundsätzlich in einer Haltung der Dankbarkeit zu leben verändert vieles zum Positiven.

Es geht nicht darum, sich etwas schönzureden, sondern, die Perspektive zu ändern.

Eine Achtsamkeitsübung: Was entdecke ich bei meinem Rundgang durch den Garten? Welche Einzelheiten nehme ich wahr? Die Vögel zwitschern, Insekten summen, Blätter rauschen, und ich bin mittendrin. Blüten, die süß duften. Die Drossel, die wie ein Frosch klingt. Moos, das so flauschig ist wie ein weicher, dicker Teppich. Das wahrzunehmen macht das Leben reich. Wenn ich über das Glück des Gartens schreibe, erzähle ich darüber, was das Leben wertvoll macht. Wie kann es sich entfalten und aufblühen?

Ich kann die Augen schließen und trotzdem sehen. Lange Zeit war mir nicht bewusst, wie viel intuitiv geschieht.

*

In der Natur gibt es unendlich viele verschiedene Formen, Farben und Gestalten. Jede Pflanze, jedes Tier für sich ist ein kleines Kunstwerk und auf seine Art schön. Ganz spielerisch bedecken Pflanzen im Frühjahr die kahle Erde, die Natur legt sich ein neues Kleid an. Großartig, zu beobachten, wie sich ein Farn langsam entrollt. Und dann zu denken: Diese Pflanze gedeiht seit Jahrtausenden! In einem winzigen Tautropfen, der an einem fein gewobenen Spinnennetz hängt, spiegelt sich der ganze Kosmos seiner näheren Umgebung wider.

Die Natur ist ein Kreislauf des Lebens, ein Zusammenspiel von Sonne, Wasser, Luft und Materie. Reichhaltig, verschwenderisch, unfassbar in seiner Vielfalt. Und oftmals sind die Prozesse, die in der Natur ablaufen, alles andere als ökonomisch. Mit einem unvorstellbaren Aufwand entwickeln sich immer wieder neue Formen und Wesen. Wer dies achtsam wahrnimmt und bestaunen kann, kennt keine Langeweile.

Es ist manchmal auch die Schönheit des Nicht-Gewollten, die mich fasziniert. Dass eigentlich im Klostergarten unerwünschte Pflanzen die größte Ausstrahlung ausüben.

Allein, dass ich sie entdecke und überrascht bin, ist oftmals ein Glücksmoment für mich. Denn zu sehen, wie sich hier eine große Lebendigkeit Bahn bricht, ist doch einfach schön. Und Störungen des Alltäglichen sind ein Augenzwinkern Gottes.

Ich muss nicht alles erklären können, auf alles eine Antwort haben. Ja, es gibt einen Charme des Unperfekten – das sage ich als jemand, der immer wieder um ein bestmögliches Ergebnis bemüht ist und auch viel Zeit damit verbringt, ein perfektes Foto von etwas zu machen. Aber das gibt es nicht – und das braucht es auch nicht. Überhaupt: Wann ist etwas perfekt?

In Wissenschaft und Technik können wir einen Idealzustand definieren und dann eine Messlatte anhalten, Temperatur oder

Feuchtigkeit, Dichte und Gewicht bestimmen und sagen: Ja, das ist genau so, wie wir es haben wollen. Einfach perfekt – oder zumindest sehr nahe dran am gewünschten Zustand. Es gibt auch Anforderungsprofile für ein technisch perfektes Foto: Kontrast, Helligkeit, Schärfe stimmen. Aber es ist trotzdem vielleicht kein gutes Foto, weil es keinerlei Ausdruckskraft hat.

In Architektur und Kunst gibt es klassische Idealbilder, denen bestimmte Arbeiten entsprechen sollen. Das lässt sich feststellen und bewerten.

Seit der Antike ist der Goldene Schnitt eine wichtige Gestaltungsregel. Dabei geht es um Ausgewogenheit und Harmonie, das bestimmende Leitmaß ist das Teilungsverhältnis zweier Größen zueinander. Ist der Goldene Schnitt gegeben, ist eine Flächenaufteilung meistens schön. Aber manchmal geht es um mehr als das Feststellen einer »Normerfüllung«. Ob wir das Gesicht eines Menschen als schön empfinden, hat verschiedene Gründe. Es geht eben nicht nur um Makellosigkeit und gleichmäßige Proportionen, sondern um einen Gesamteindruck, in dem die Farbe und Form der Augen, der Nase und des Mundes ebenso eine Rolle spielen wie eine gewisse Stimmigkeit. Diese kommt von innen.

Wir empfinden ein Gesicht dann als schön, wenn es eine positive Ausstrahlung hat. Und jeder Mensch empfindet an dieser Stelle anders. Für den einen machen braune Augen einen besonderen Reiz aus, der andere achtet vor allem auf den Mund – und jede und jeder spürt beim Betrachten eines anderen Wesens eine Stimmigkeit – oder eben nicht.

Das Perfekte ist nicht immer das Beste. Der Charme des Unperfekten zieht mich in der Natur in seinen Bann: Auf abgefallenen Blättern funkeln im Spätsommer Wassertropfen wie Diamanten. Selbst abgefallene Blütenblätter, die ich am Rand des Brunnens entdecke, verströmen Schönheit und Anmut. Überall gibt es Überraschendes zu entdecken: Ende September haben sich im vergangenen Jahr tatsächlich vier Lachmöwen auf dem First des Klosterdaches zum Sonnen niedergelassen. Wo kamen die auf einmal her?

Manchmal kommt mir, wenn ich solche Momente erlebe, ein Satz des französischen Dichters Paul Claudel in den Sinn, der sagt: *Gott schreibt auch auf krummen Zeilen gerade.*

*

Für ungewöhnliche Pflanzen kann ich mich begeistern und probiere als Gärtner auch gerne einmal etwas Neues aus. Wenn ich etwas entdecke, was mich interessiert, will ich mehr wissen, besorge Samen oder Setzlinge und starte einen Versuch. Sobald die Bedingungen mir geeignet erscheinen, geht es los. Zunächst hole ich ein passenden Pflanzgefäß oder gleich mehrere, fülle sie mit guter Muttererde und streue die Samen aus. Etwas angießen, fertig. Was kann schon schiefgehen? Im ungünstigsten Fall keimt der Same nicht, was schade wäre. Aber dann versuche ich es gleich noch einmal mit leicht veränderten Rahmenbedingungen. Den Pflanzkübel schiebe ich etwas in den Schatten, streue neue Samen hinein und gieße nur jeden zweiten Tag, weil ich den Eindruck hatte, dass die Samen beim ersten Versuch wegen zu großer Nässe verfault sind. Dann heißt es warten, warten, warten. Und siehe da: Es gelingt! Nach einer Woche zeigt sich ein erstes grünes Pünktchen, einen Tag später windet sich ein winziges Pflänzchen aus dem Boden. Wachstum braucht Ruhe, ruht aber nie. Wachstum ist ein Reifeprozess.

Es braucht Neugier und Geduld, um für fremde Pflanzen ein heimisches Milieu zu schaffen. Und nur wenn sich Pflanzen in ihrer Umgebung wohlfühlen, können sie gedeihen. Dabei gilt es, qualitatives und quantitatives Wachstum sorgfältig zu unterscheiden, um keine falschen Schlüsse zu ziehen. Was allzu schnell ins Kraut schießt und emporwächst, kann morgen schon wieder welken, weil die Pflanze sich im wahrsten Sinne des Wortes verausgabt hat und bei den ersten Widrigkeiten schlappmacht.

Pflanzen entwickeln Widerstandskraft gegen Krankheiten und Schädlinge, indem sie von quantitativem auf qualitatives Wachstum umstellen. Qualitatives Wachstum entsteht oft aufgrund von Enttäuschungen, Niederlagen und Rückschlägen.

Das kennen wir Menschen auch. Schicksalsschläge treffen uns: Eine schwere Krankheit fesselt uns für einige Zeit ans Bett, ein geliebter Mensch stirbt, eine Beziehung zerbricht, wir bekommen eine Kündigung und können es nicht verstehen.

In solchen Situationen zieht es manchen den Boden unter den Füßen weg. Andere scheinen über eine Art Schutzschild zu verfügen. Die Probleme prallen an ihnen ab, der Gegenwind macht ihnen Beine; nach einem Tiefschlag erholen sie sich relativ rasch und gehen weiter. Wenn wir selbst eine solche Erfahrung machen – wenn wir erleben, dass wir die Veränderungen bewältigen können, dann gehen wir aus Krisen gestärkt hervor. Wir sprechen dann von Resilienz. Das lateinische Wort *resiliere* bedeutet »abprallen«, aber auch »zurückspringen«. Resilienz ist die Fähigkeit, mit großem Stress und extremen Situationen auf eine gute Art und Weise umzugehen. Nicht zu resignieren, sondern zu kämpfen und weiterzugehen. Eine derartige Anpassungsfähigkeit ist Gold wert, denn krisenhafte Zeiten gibt es in jedem Leben. Das liegt in der Natur der Sache.

Zurück in den Garten: Statt sich weiter in der Fläche auszubreiten oder in die Höhe zu schießen, bündeln Pflanzen, die sich gegen eine Bedrohung von außen verteidigen müssen, ihre Kräfte in Form von Mineralstoffen und ätherischen Ölen.

Manche Pflanzen verkleben mit einem Sekret, das sie ausscheiden, die Brut der Blattläuse, die sie befallen hat. Andere scheiden Giftstoffe aus. Oft gelingt die Abwehr, und eine Pflanze erholt sich innerhalb weniger Tage. Pflanzen wachsen, oder sie sterben. Aber es gibt auch noch einen Rettungsschirm für alle Fälle: Wenn es einer Pflanze sehr schlecht geht, beginnt sie oft noch zu blühen. Diese Notblüte bringt Früchte und Samen hervor, die dazu dienen, die Art zu erhalten.

Das ganze Leben besteht aus Neuanfängen und Abschieden.

*

Gerne verbringe ich auch Zeit mit unseren Katzen. Was wäre unser Klostergarten ohne unseren Kater Titus und Katze Safira? Katzen interessierten mich nicht, bis irgendwann ein Tier durch unsere Klosteranlage streunte. Sie schien niemandem zu gehören. Immer öfter besuchte sie die Gärtnerei, und Br. Markus und ich mochten ihre Gesellschaft. Wir fütterten und streichelten sie, bürsteten ihr Fell und befreiten sie von Zecken. Sie wurde zutraulich, und plötzlich war mir das Tier wichtig. Sie suchte sich einen warmen Platz im Gewächshaus. Als sie verstarb, war mir klar: Wir brauchen ein Tier in der Gärtnerei!

Einige Monate später entdeckten wir in einem landwirtschaftlichen Gebäude eine wilde Katze, die gerade drei Junge geworfen hatte. Es waren Frühlingskätzchen. Wir behielten zwei, das dritte Katzenjunge gaben wir an eine Familie weiter. Die kleinen Wollknäuel bekamen bei uns im Gewächshaus einen schönen Platz:

zwei mit Tüchern ausgepolsterte Gemüsekisten, die seitdem den Katzen als Körbchen dienen.

Mittlerweile sind Titus und Safira über neun Jahre alt. Ich habe die beiden total ins Herz geschlossen. Wenn ich an manchen Tagen nicht so gut drauf bin, muntern sie mich auf. Safira ist zu meiner großen Freude sehr zutraulich und sucht menschliche Gesellschaft. Einmal wollte ich am Bienenhaus die winzig kleinen Knospen des Scharbockskrauts fotografieren, lag ganz in den Augenblick versunken auf der Wiese nahe dem Bienenhaus und hantierte mit der Kamera. Ich war ganz ruhig und wollte gerade den Auslöser drücken, da drückte etwas gegen meinen Arm. Safira. Die Katze strich um mich herum, stupste mich an und legte sich vor mir auf die Wiese. Dort rekelte sie sich gemütlich in die Sonne, maunzte und wollte mit mir schmusen. Ich war direkt hin und weg, gab meinen ursprünglichen Plan ohne Bedauern auf, kraulte die Katze und machte danach noch einige Fotos von ihr. Dabei dachte ich: So muss das Paradies sein – friedvoll, vertraut, heimelig.

Kater Titus ist zurückhaltender und lässt sich nicht von Fremden streicheln. Aber zuweilen fordert er von Br. Markus und mir recht grob eine Kuscheleinheit ein.

Titus durchstreift sein Revier, fast nichts ist vor ihm sicher. Er klettert auf das Gewächshaus und steigt durch die Lüftungsfenster hinein, stößt auch einmal einen Eimer um, wenn er sich an einer engen Stelle hindurchdrängt. Manchmal ärgert er seine Katzenschwester, einmal hat er sich zwischen zwei Kübeln versteckt und immer wieder seinen Kopf hervorgestreckt, um zu sehen, ob sie um die Ecke kommt. Aber am Futternapf ist Safira die Chefin, sie drückt den Kater weg, und er lässt es geschehen. Allerdings beobachte ich, dass Katzen nicht über ihren Hunger fressen. Wenn Safira satt ist, trottet sie zu ihrem Schlafplatz und legt sich hin. Einen praktischen Nutzen haben die beiden auch noch: Sie fangen regelmäßig Mäuse.

Unsere beiden Katzen verstehen sich auch mit Wilma, der Schildkröte, die Br. Markus gehört. Wilma ist eine Griechische Landschildkröte und mittlerweile auch schon 11 Jahre im Klostergarten zu Hause. Dort lebt sie in einem Freigehege, in dem es auch ein kleines Wasserbecken gibt. Sie ernährt sich am liebsten von Löwenzahn, Klee und Spitzwegerich. Br. Markus bringt ihr aber auch ab und zu etwas anderes aus dem Klostergarten mit – Kopfsalat und Feldsalat oder kleine Tomaten, darauf ist sie ganz verrückt.

*

Alles in der Natur lebt in großen Zusammenhängen und vibriert unter einem Spannungsfeld der Gegensätze. Hell und dunkel. Trocken und nass. Kalt und warm. Wachsen und Verkümmern. Leben und Sterben. Diese Dynamik macht mich als Gärtner demütig, denn sie beweist, wie groß die Wandlungsfähigkeit von Pflanzen und Tieren ist. Und jedes Individuum hat darin seinen Platz und seine Bedeutung. Alle sind Teil eines großen Ganzen, und alle sind aufeinander angewiesen. Lebendigkeit drückt sich in Vielfalt aus. Je mehr unterschiedliche Pflanzen in einem Ökosystem wachsen, umso gesünder und überlebensfähiger ist es.

In der Land- und Forstwirtschaft zeigt sich mehr und mehr, wie anfällig Monokulturen für Krankheiten und Umweltveränderungen sind. Fichtenwälder knicken wie Streichhölzer unter Stürmen, und Borkenkäfer knabbern sich durch die Rinde. Maisfelder bringen nur den gewünschten Ertrag, wenn sie mit Pestiziden behandelt wurden. Insekten und Vögel verenden, weil sie die Chemikalien mit der Nahrung aufnehmen. Wir wissen längst, dass der Kreislauf empfindlich gestört ist, und versuchen an der einen oder anderen Stelle gegenzusteuern. Man kann nur hoffen, dass wir das Blatt noch einmal wenden können.

SEPTEMBER ❦ Zeit der Reife

Nebel hängt über Beuron. Warme Spätsommertage und kühle Früh-
herbstnächte spielen mit der Feuchtigkeit im Donautal. Mal wölbt sich ein
Dunstschleier über den Fluss, mal verfängt sich ein feines Netz aus Aber-
millionen winzigster Wassertröpfchen in den Zweigen der Büsche und
Bäume. An anderen Tagen ist der Nebel schwer wie eine Wolldecke, die
sich milchig über das Kloster legt. Sonnenstrahlen ringen seit den frühen
Morgenstunden mit dem Nebelungetüm. Der Turm der Klosterkirche ist
im Einheitsgrau nur diffus zu erkennen. Es dauert Stunden, bis die Mor-
gensonne die Oberhand gewinnt und über Beuron blauer Himmel strahlt.

*

Ich freue mich auf den September mit seiner kühlen und feuchten
Luft, den erfrischenden Morgenstunden und der warmen Mittags-
sonne. Die Pflanzen und ich genießen es, denn wir fühlen uns von
der schweren Augusthitze befreit. Der Frühnebel zieht mich mit
all seinen Facetten in seinen Bann. Licht, Wind, Feuchtigkeit und
Temperatur kreieren immer wieder neue Szenen, die einander ab-
wechseln. Auch dem Wolkenschauspiel am Himmel könnte ich
lange zuschauen, doch ich habe keine Zeit dafür, denn der Garten
wartet auf mich.

Wir beginnen in unserem kleinen Team um 8 Uhr mit der Ein-
teilung der Arbeit. Als Leiter der Gärtnerei habe ich mich danach
um verschiedene Aufgaben zu kümmern, die nur am Schreibtisch
zu erledigen sind. Saatgut und Setzlinge sind zu bestellen, eine

Abrechnung muss gemacht werden, und ich will mir einen Überblick verschaffen, ob wir noch ausreichend Vorräte an Grundsubstanzen haben, um die geplante Menge an Likör herzustellen. Und ich brauche eine zündende Idee als Aufhänger für einen Vortrag, den ich halten soll.

Damit will ich mich eigentlich nicht allzu lange aufhalten. Aber am Ende dauert es doch fast eine Dreiviertelstunde – und ein guter Einfall ist mir nicht gekommen. Etwas frustriert gehe ich in den Garten. Wenn eine Sache nicht geht, dann probiere ich eine andere. So viel Freiheit habe ich – und das ist gut so, denn ich kann nichts erzwingen. Ich entscheide mich jetzt, etwas Praktisches zu tun, trete ins Freie, laufe zum Acker, beginne mit der Kartoffelernte. Da der Kartoffelpflug für unseren Einachsschlepper so schnell nicht verfügbar war, haben wir uns heute früh entschieden, die Knollen von Hand zu ernten, mit Grabegabel und Krail. Die Erde ist trocken, stellenweise ganz fein und dann wieder richtig großklumpig. Es ist eine mühsame und doch schöne Arbeit, denn man sieht das Ergebnis sofort. Br. Markus ist im Gewächshaus zugange. Ich fange hier erst einmal alleine an und sehe, wie weit ich komme.

Es ist Viertel nach neun, die Sonne scheint, aber nach einer sternenklaren Nacht ist es noch recht kühl. Unser kleines Kartoffelfeld ist gerade mal 20 Meter lang und hat 6 Reihen – sehr überschaubar.

Gleich zu Beginn der Graberei kommt mir ganz spontan eine Idee, wie ich meinen Vortrag beginnen werde. Klar – so geht's! Ganz spielerisch ist der Gedanke auf einmal da, nach dem ich vorhin krampfhaft gesucht habe.

Voller Freude grabe ich weiter Kartoffeln aus. Jede einzelne Knolle ist wertvoll. Zusätzlich erfreut uns die Natur mit den lustigsten Formen: dick mit einer Art Knubbelnase; leicht verdreht, fast wie ein Korkenzieher – oder oben und unten wulstig und in der Mitte schmal. Sieht fast aus wie eine Acht. Solche Kartoffeln sind zwar nicht vermarktungsfähig, aber individuell, einmalig und auf ihre Weise auch irgendwie schön. Ein Teil davon wird sicherlich heute Mittag in der Klosterküche direkt verarbeitet. Auf Bratkartoffeln habe ich richtig Lust. Oder auf Reibekuchen.

Es ist nun schon halb elf. Die Zeit bis zum Konventamt, das um 11 Uhr beginnt, ist knapp, denn vorher habe ich noch verschiedene Aufgaben zu erledigen. Sie reicht nur noch dafür, eine weitere Reihe auszugraben und gleich aufzulesen. Ich lege die Kartoffeln behutsam in zwei größere Eimer und laufe zurück zum Schreibtisch, wo ich mich noch um ein paar eingegangene Bestellungen kümmern muss.

Ein Teil unserer Produkte versenden wir mit einem Paketdienst: Kräutertee, Ringelblumencreme, Kräuterlikör, Obstdestillate und auch den Artischockenwein.

Ich sortiere die Bestellungen und gebe sie dann weiter an die Versandabteilung, die zum Beuroner Kunstverlag gehört.

Wegen der Pilger und Touristen, die das Kloster besuchen, feiern wir unser Konventamt um 11 Uhr und nicht erst eine Stunde später. So können die Besucher beim Gottesdienst dabei sein und anschließend etwas essen gehen oder weiterfahren. Es ist gut, dass wir ihnen diese Möglichkeit eröffnen.

Aber für uns Mönche bedeutet es, dass wir unsere Arbeit bereits am späten Vormittag unterbrechen müssen. Das ist manchmal nicht einfach für mich, weil ich gerne dranbleiben würde. Aber im Laufe der Jahre ist es mir gelungen, die Arbeit so einzuteilen, dass es doch recht gut geht.

In der Regel Benedikts heißt es: *Dem Gottesdienst soll nichts vorgezogen werden.* Das Konventamt, die gemeinsame Eucharistiefeier, erinnert daran, was das Zentrum unseres Lebens ist: die Anbetung Gottes und der Dank.

Die Kornelkirschen reifen ab Mitte August bis Ende September, wir ernten sie, wenn sie, je nach Sorte, hell bis schwarzrot leuchten. Dann schmecken ihre Früchte süßsäuerlich. Eigentlich sind die Kornellen im botanischen Sinn keine Kirschen. Es sind Nüsse. Erst wenn sie ausgereift sind, lässt sich ihre weiche Schale entfernen. Die leicht länglichen Früchte werden bis zu zwei Zentimetern groß. Wir verwenden sie in der Klostergärtnerei für unseren Kornelkirschengeist, der einen aromatisch fruchtigen, aber auch leicht herben Geschmack hat. Aber es lassen sich auch Säfte, Sirup, Likör daraus herstellen – und natürlich Marmeladen und Gelee. Und Kornelkirschen passen, ähnlich wie Preiselbeeren, auch wunderbar zu Wildgerichten. Wenn man sie trocknet, kandiert oder einfriert, sind sie auch für längere Zeit haltbar.

Kornelkirschen muss man nicht pflücken, sie fallen vom Strauch. Wir breiten zwar Netze unter den Sträuchern aus, müssen aber trotzdem jede einzelne Frucht auflesen. Da die Früchte recht klein sind und jede einzelne nur wenige Gramm wiegt, brauchen wir für einen Brand viele Tausend Früchte.

In Deutschland wächst der Strauch in Gärten und Parks und ist wegen seiner gelben Blütenpracht im Vorfrühling beliebt. Die Kornelkirsche stammt aus Südeuropa und braucht Wärme, damit sie gedeiht. Wild wächst sie auf sonnigen, buschbestandenen Hängen, in lichten Wäldern, an Waldrändern oder in Hecken. Sie bevorzugt kalkhaltige Böden, wie wir sie in Beuron haben. Das Wildobstgehölz verfügt über ein intensives Wurzelsystem, das sich in den porösen Kalkschichten verankert.

Die Kornelkirsche ist eine faszinierende Pflanze. Schon lange wird sie als Nahrungsmittel genutzt. In Tongefäßen, die aus der älteren Eisenzeit, rund 800 v. Chr. stammen, hat man Kerne gefunden. Zusammen mit der Mispel galt die Kornelkirsche im Mittelalter als wichtiges Obstgehölz, und man wusste um ihre Heilwirkung. Sie galt als Hausmittel zur Linderung von Darmentzündungen oder Fieber. In der kalten Jahreszeit sind ihre Früchte Vitaminspender. Sie haben einen hohen Vitamin-C-Gehalt.

Die Kornelkirsche ist von großem Wert für einheimische Tiere. Ihre nektarreichen Blüten bieten Nahrung für Honig- und Wildbienen. Die Pollen locken Fliegen und Käfer an. Ihre Früchte fressen Vögel wie Kernbeißer, Dompfaff, Kleiber, Eichelhäher und Nager wie Haselmaus und Siebenschläfer. Im Klostergarten sind die Pflanzen von einer hohen Mauer vor Wild und Verbiss geschützt.

*

Vor etwa vier Jahren hatte ich die Idee, Ysoppflanzen auszusäen und in Töpfen an unsere Besucher zu verkaufen. Die Leute haben das sehr gerne angenommen, und wir haben schon im nächsten Frühjahr mehr ausgesät und im Gewächshaus etwa 400 Pflanzen in Töpfen vorkultiviert. Die meisten jungen Pflanzen verkaufen wir an die Kundinnen und Kunden der Gärtnerei, den Rest bringen Br. Markus und ich mit unseren Helfern im Garten aus.

Der Ysop ist ein Halbstrauch, der im Sommer lange Zeit blüht und herrlich duftet. Man nennt ihn auch Bienenkraut oder Eisenkraut. Nicht nur die Blüten duften, sondern auch die Stängel. An ihnen sitzen quirlig die feinen, kurzen Blätter. An den Ober- und Unterseiten sind sie dicht mit Öldrüsen bedeckt, die den intensiven Duft verströmen. Wie dicke Polster legt sich der Ysop über Wegränder und breitet sich im Kräutergarten aus. Er liebt die Gesellschaft von Sonnenhut oder Blut-Storchschnabel. Gemeinsam bilden sie lebhafte Duft- und Farbkombinationen. Wenn der Ysop blüht, ragen die Blütenstände wie Ähren auf. Sie leuchten violett, duften süßlich und locken viele Insekten an. Seine Blüten und deren Nektar eignen sich hervorragend als Bienenweide und dienen auch als Nahrungsquelle für andere Insekten und Schmetterlinge.

Seit einigen Wochen steht der Ysop in herrlicher Blüte. Als Heilkraut wird er in Tees gegen Magenbeschwerden und Erkältungen eingesetzt. Wegen seinem besonderen Aroma findet er Verwendung in Kräuterlikören. Der alkoholische Extrakt der blühenden Ysopstängel ist schon seit Jahren ein Bestandteil unseres Weinaperitifs.

Ich liebe die Abwechslung, das stetige Neuwerden. Dass ich mich als Gärtner dabei nicht planlos, sondern wohlgeordnet einbringe, mit dem Ziel, das Leben weiterzugeben, versteht sich. Pflanzen wachsen dem Himmel zu und schlagen in der Erde Wurzeln. Das richtige Verhältnis zum Himmel und zur Erde ist eine Voraussetzung für Beständigkeit und Wachstum. Unser Garten lehrt mich: Zum Leben gehören die Höhe und die Tiefe; Aktivität und Ruhe; Tag und Nacht; Licht und Dunkel; Leid und Freude; Absterben und Neuwerden. Alles, was mir begegnet, kann mich reifen lassen.

Ich lehne an der Brüstung der großen Mauer und schaue über die Wiesen in Richtung Fluss. Und während ich schaue, kommen mir einige Zeilen aus dem Gedicht von Rainer Maria Rilke in den Sinn.

Herr: es ist Zeit. Der Sommer war sehr groß.
Leg deinen Schatten auf die Sonnenuhren,
und auf den Fluren lass die Winde los.

Der Sommer war groß und warm. Er hat die Früchte wachsen und reifen lassen. Jetzt ist Erntezeit.

Der Wald an den Steilhängen hinter dem Klostergarten färbt sich herbstlich. Ein wunderbares Farbenspiel: mattes Grün, strahlendes Gelb, leuchtendes Braun, kräftiges Rot und alle Nuancen dazwischen.

Bei diesem Anblick kommt mir in den Sinn, wie verschwenderisch die Natur übers Jahr mit ihren Vorräten umgeht. Im Frühjahr und Sommer setzt sie Abermilliarden von Samen in der Natur frei; aber nur wenige Samenkörner finden einen sicheren Ort im Boden, und nur wenige davon keimen. Aber das was keimt, reicht aus, um hier an diesem wunderbaren Fleckchen Erde ein kleines Paradies zu schaffen.

*

»Einen grünen Daumen haben« ist mehr als nur ein Sprichwort. Wer Erde und Pflanzen mit den bloßen Händen berührt, spürt ihre Feuchtigkeit und Beschaffenheit. Ein Pflanzenfreund wie ich hebt Blätter an und schaut darunter, er biegt vorsichtig die Stängel zur Seite und erkennt Fressfeinde. Nur wer seine Pflanzen anfasst, kann sie richtig pflegen. Dabei werden die Finger schmutzig, mal erdig-braun, wenn man nach dem Wurzelwachstum schaut, oder auch grün, weil die Blätter oder Stängel abfärben.

Erfolgreiches Gärtnern hat etwas mit Wissen und Erfahrung zu tun, aber auch mit Empathie und Zuwendung.

Pflanzen gegenüber empfinde ich eine Art Zuneigung. Einerseits, weil sie einfach schön sind. Aber auch, wenn ich bedenke, was sie für das Leben auf der Erde alles leisten. Wie unermüdlich Pflanzen bestimmte Stoffe herstellen, die die Grundlagen unseres Lebens bilden.

Stauden, Sträucher und Bäume stehen immer an derselben Stelle. Jahrein, jahraus passen sie sich der Jahreszeit und dem Klima an und tun das, wofür sie bestimmt sind. Auf ihre Art sind mir die Pflanzen so etwas wie treue Freunde geworden.

Wer mit liebenden Augen und sorgsamen Händen unterwegs ist, dem gelingt einiges mehr als demjenigen, der seine Aufgaben missmutig erledigt, allein aus dem Grund, weil es seine Pflicht ist. Pflanzen nehmen es einem übel, wenn man sie grob behandelt – dann gedeihen sie nicht.

Durch ein langjähriges Forschungsprojekt der Technischen Universität München wurde nachgewiesen, dass Pflanzen kommunizieren, sich austauschen, gegenseitig warnen und sogar aktive Nachwuchspflege betreiben.

Als Gärtner sorge ich für ein Milieu, gute Bedingungen, unter denen die Pflanzen bestmöglich gedeihen. Dafür, dass jede Art das bekommt, was sie zum Leben braucht. Genügend Licht und Wärme oder ein schattiges Plätzchen. Nicht zu kalt und nicht zu nass. Oder eben gerade besonders kühl und feucht (aber das brauchen die wenigsten Pflanzen im Kräutergarten).

Ich kümmere mich darum, dass der Boden die richtige Beschaffenheit hat, die es braucht, damit die Samenkörner keimen. Dass er aufgelockert und eben nicht zu fest ist. Und ich sorge für ausreichende Feuchtigkeit. Wenn die ersten Keimlinge durch die Bodenkruste stoßen, heißt es wachsam sein und genau zu beobachten.

Jetzt schon wieder etwas wässern oder lieber noch warten? Um nicht vorschnell zu ertränken, was gerade heranwächst, braucht es Erfahrung und Sorgfalt. Was gut werden will, braucht Zeit.

In manchen Fällen ist es notwendig, für mehr Schatten zu sorgen, damit die Triebe nicht verbrennen, wenn die Sonne mittags hoch am Himmel steht. Wenn sie braun werden, ist es zu spät. Und natürlich gilt es aufzupassen, dass die jungen Triebe nicht sofort von irgendwelchen Tieren abgefressen werden.

In Beeten ziehen Schnecken gerne eine Spur der Verwüstung, winzige Schädlinge überfallen grüne Stängel, fressen an den Wurzeln und lassen Jungpflanzen dahinwelken. Der erfahrene Gärtner ergreift vorbeugende Maßnahmen und überlasst seine grünen Schützlinge nicht dem Fraß. Es gibt durchaus gute Hausmittel bzw. biologische Mittel gegen Schädlingsbefall, und es gelingt uns in Beuron fast vollständig auf Chemie zu verzichten. Beim Gemüse und bei den Kräutern ist dies ohnehin ein Tabu.

Gut zureden hilft nicht, damit Pflanzen wachsen und Gemüse gedeiht. Aber eine gute Ausbildung im Garten, Erfahrung und ein gerüttelt Maß an Begeisterung und Zuwendung nützen ungemein. Ein Klostergarten macht – wie alle Gärten – viel Arbeit. Aber die Arbeit im Garten gibt auch unglaublich viel Freude zurück, wenn man sich bewusst darauf einlässt.

Es ist wie in jeder Beziehung: Sie will gepflegt werden. Mit unseren Worten und Taten schaffen wir im menschlichen Zusammenleben ein Umfeld, in dem sich das Miteinander entfaltet oder verkümmert. Vertrauen und Zuneigung brauchen Zeit, um zu wachsen und zu gedeihen. Um Wurzeln zu schlagen und dauerhaft Halt in einer gelingenden Beziehung zu finden, müssen die Bedingungen stimmig sein. Perfekt sind sie nie! Deshalb braucht es Demut. Jede und jeder muss sich auch zurücknehmen können. Die eine oder andere Marotte aushalten.

Wenn etwas wachsen, gedeihen und blühen soll, braucht es die richtigen Voraussetzungen – und es braucht Geduld. So wie im Garten: Säen, Düngen, Gießen, etwas Schatten, nicht zu viel Sonne, ausreichend Wärme. Und immer dafür sorgen, dass es fließt – Wasser braucht jedes Lebewesen, damit es nicht vertrocknet. In Beziehungen leben, heißt Krisen ertragen, Dürrezeiten überstehen. Schwierige Zeiten werden unweigerlich kommen! Es gilt, manches auszuhalten. Und irgendwo nagt es immer an einem … Es braucht in jeder menschlichen Beziehung die Vergebung, das Verzeihenkönnen. Und es braucht Kraft, um sich jeden Tag aufs Neue um ein besseres Miteinander zu mühen. Liebe, Vertrauen, Barmherzigkeit.

Wenn wir nur die Defizite und das, was noch nicht ist, in den Vordergrund stellen, verachten wir das Lebendige. Wer wahrnimmt, dass die Pflege eines guten Miteinanders ein wichtiger Teil des Lebens ist, der wird Glück und Zufriedenheit entdecken. Ein gesunder, lebendiger Boden bringt gesunde Pflanzen hervor.

Es ist im Garten wie im Leben. Hier wie dort geht es um den Fortbestand, ein Sichausbreiten und einen Platz, an dem es einem gut geht. Als Gärtner unterstütze ich die Pflanzen im Rahmen dessen, was möglich ist – schneide das eine zurück, damit das andere nicht untergeht, und versuche für ein bestmögliches Gleichgewicht zu sorgen. Wenn das Unkraut die jungen Nutzpflanzen verdrängt, wird die Ernte mager ausfallen …

Ich habe mir vorgenommen, nicht zu sehr in die Natur einzugreifen und nicht gegen, sondern mit der Natur zu arbeiten. Ich verstehe den Humus, den fruchtbaren Mutterboden auf den Feldern, als einen lebendigen Organismus, den ich möglichst wenig stören möchte. Deshalb verzichte ich beispielsweise auf ein tiefgründiges Umgraben des Bodens. Dagegen ist es gut, zwischen den Gemüsepflanzen den Boden öfters ganz flach zu hacken

(Hackfrüchte) wobei dann auch gleich allzu störende Wildkräuter entfernt werden können.

*

Als Gärtner gehe ich sorgfältig mit Samen um. Gutes Saatgut ist kostbar und teuer. Viele Pflanzen ziehen Br. Markus und ich im Gewächshaus vor und setzen die jungen Pflanzen dann ins Freiland.

Das künstliche Klima unter einem Glasdach hat Vorteile wie konstante Temperatur, ausreichend Licht und Schutz vor Fressfeinden. Es scheint, als wenn dort alles ungehemmt wachsen und gedeihen kann. Doch das künstliche Klima birgt auch Gefahren: Die Wachstumsfaktoren müssen im richtigen Verhältnis zueinander stehen. Wenn es im Gewächshaus zu warm ist, wachsen die Pflanzen zu schnell in die Höhe, werden instabil und krankheitsanfällig. In hoher Luftfeuchtigkeit wachsen vor allem Pilze, sie befallen die Pflanzen und schädigen sie. Würde ein Gewächshaus ständig verschlossen sein, stiege die Luftfeuchtigkeit kontinuierlich an und die Pflanzen würden unter CO_2-Mangel leiden. Oberirdisch brauchen Pflanzen immer wieder neues CO_2 und unterirdisch frischen Sauerstoff, der über die Wurzeln aufgenommen wird.

In den oberen Bodenschichten leben unzählige Mikroorganismen, welche ebenfalls auf Sauerstoff angewiesen sind. Ohne die Mikroorganismen gäbe es keinen fruchtbaren Mutterboden.

Ein Gewächshaus schützt die Pflanzen vor Regen, Kälte, Schnee, Frost, Hagel, zu starker Sonneneinstrahlung und vor manchen Schädlingen. Wenn im Freiland die Pflanzen bei Frost eingehen, wachsen sie im beheizten und ausreichend beleuchteten Raum. Das ideale Gewächshaus lässt viel Licht für die Pflanzen hinein und benötigt wenig Energie, um selbst bei Minusgraden die nötige Raumtemperatur zu erreichen.

Eine Pflanze im Glashaus verspürt keinen Wind, wenn die Fenster und die Lüftung geschlossen sind. Sie kann deshalb auch nicht bestäubt werden und sich nicht vermehren. Wind steht für Bewegung, Austausch und die Entstehung neuen Lebens.

Im geschützten Raum kann man zwar das Wachstum stark beschleunigen, aber es nützt den Pflanzen letztlich nichts. Eine Pflanze, die vollständig gegen die Außenwelt abgeschirmt wäre, würde irgendwann absterben. Sie braucht eine Verbindung nach außen, um gesund aufzuwachsen und widerstandsfähig gegenüber Krankheiten und Schädlingen zu werden.

Deshalb öffne ich als Gärtner, sooft es möglich ist, die Fenster und lüfte, lüfte, lüfte.

Ich bin bei dem, was ich tue, möglichst achtsam und entscheide, welche Pflanzen wann ins Freiland kommen und welche im Gewächshaus bleiben, weil sie nicht für das Klima in Beuron geeignet sind. Tomaten, Salatgurken und Paprika gehören dazu. Wenn ich Pflanzen aus dem Gewächshaus ins Freiland setze, muss ich sie auf das rauere Klima vorbereiten. Gemüsesetzlinge sind sehr verwöhnt, würde ich sie plötzlich in das kühle Freiland pflanzen, würden sie eingehen. Daher härte ich sie erst einmal ab, indem ich die Temperaturen im Gewächshaus herunterregle und häufiger lüfte. Sie dürfen sich langsam an die künftigen klimatischen Verhältnisse gewöhnen.

So wie sich Pflanzen auf Veränderungen einstellen, reagieren auch wir auf Neuerungen im Alltag. Wir sind fähig, unser Leben immer wieder an neue Gegebenheiten anzupassen und zu gestalten, auch wenn es zuweilen mühsam oder schmerzhaft ist. Alles Leben besitzt die Kraft für Veränderung und Erneuerung.

Wir sind nicht dafür geschaffen, permanent irgendwo Schutz zu suchen. Das Leben findet draußen statt. Klar: Dort pfeift uns der Wind um die Ohren, die Sonne gerbt uns die Haut, die Kälte lässt

uns zittern, doch wir werden widerstandsfähiger, stärker und gesünder.

Wir reifen, indem wir uns nach dem Licht strecken. Und indem wir die Arme öffnen und das Leben umarmen, so wie es ist.

*

In der Bibel geht es immer wieder um den Geist Gottes, der neues Leben entstehen lässt. Jesus kündigt seinen Jüngern an, dass er überall dort präsent sein wird, wo man dem Geist Gottes Raum gibt. Beim sogenannten Pfingstwunder wirbelt er alles durcheinander, und es kommt neuer Wind unter die Flügel der neuen Bewegung, die sich Christentum nennt. Ein Name, der sich auf Jesus Christus, ihren Lehrer und Meister, bezieht.

Ist es nicht interessant, dass die hebräischen, griechischen und lateinischen Worte für den Begriff *Geist* gleichzeitig auch die Bedeutung *Wind*, *bewegte Luft* oder *Atem* (hebräisch *ruach*, griechisch *pneuma*, lateinisch *spiritus*) besitzen? Wo wir im Sinne Gottes leben, gibt es keine Enge, sondern Weite. Dort bekommen wir Wind von oben unter die Flügel unseres Lebens.

Eine meiner Lieblingsstellen in der Bibel ist der Psalm 4, 2. Dort bittet der Psalmist Gott: *Du hast mir weiten Raum geschaffen in meiner Bedrängnis.*

Ich bin davon überzeugt, dass der christliche Glaube in die Weite führt, wenn wir das ernst nehmen, was Jesus den Menschen mit auf den Weg gegeben hat. Seine Bergpredigt ist die Glücksbotschaft schlechthin – und ein guter Beziehungsratgeber:
Selig, die arm sind vor Gott; denn ihnen gehört das Himmelreich.
(Meine Interpretation: Das sind diejenigen, die sich selbst nicht so wichtig nehmen und ganz auf die Barmherzigkeit Gottes vertrauen!)

Selig die Trauernden; denn sie werden getröstet werden.

Selig die Sanftmütigen; denn sie werden das Land erben.

Selig, die hungern und dürsten nach der Gerechtigkeit;
denn sie werden gesättigt werden.

Selig die Barmherzigen; denn sie werden Erbarmen finden.

Selig, die rein sind im Herzen; denn sie werden Gott schauen.

Selig, die Frieden stiften; denn sie werden Kinder Gottes genannt
werden.

(Mt 5, 3 ff.)

OKTOBER ❧ Goldene Tage

Es ist kühl geworden. Erste Herbststürme zerzausen Baumkronen und schütteln Eicheln, Kastanien oder Bucheckern von ihren Ästen. Laubbäume lodern in ihrer Herbstpracht wie Flammen. Sie zittern im Wind an den Felshängen, leuchten auf den Wiesen und strahlen im Schatten der ehrwürdigen Klostermauern. Kürbisse sind im Garten gereift, Holunderbeeren, Kirschpflaumen und Frühäpfel sind schon gepflückt. Der Herbst hat mit seinen Früchten den Tisch gedeckt. Zeit für Erntedank.

*

Es riecht anders als noch vor einer Woche, eine herbe Note hat sich schleichend in den Duft des scheidenden Spätsommers gemischt und ihn schließlich ganz verdrängt. Feuchte Schwere hat Einzug gehalten. Kraniche und Schwäne brechen gen Süden auf. Fischreiher sind auf Beutezug, und einige Wildenten sind in einer v-förmigen Formation unterwegs.

Ich verharre, an einen Baumstamm gelehnt, und freue mich an dem wunderbaren Bild einer Gemeinschaft, in der jedes einzelne Wesen um seinen Platz weiß. Die dunklen Silhouetten der Tiere zeichnen sich klar gegen das diffuse Violett-Orange des Abendhimmels ab.

Ringsum leuchtet die braungoldene Farbensymphonie des herbstlichen Donautals. Der Vogelzug, Auszug und Wiederkehr, wiederholt sich Jahr für Jahr, und doch staune ich jedes Mal aufs Neue. Es scheint, als hole die Natur im Oktober noch einmal zum finalen Schauspiel aus, bevor sie sich zur Winterruhe legt.

Mit meinem Fotoapparat sammle ich besondere Momente: Über Kalkfelsen wehen rotbraune Blätter, Insekten schwirren im dunkelgrünen Efeu, einige Wildenten haben sich in den Flussauen niedergelassen, silbrige Wassertropfen verfangen sich in Spinnennetzen, die Herbstzeitlose kämpft sich mit lilafarbenen Blüten aus dem Gras.

Das Laub raschelt unter meinen Füßen, und im Unterholz knackt es. Meine Schuhe versinken im Moos, und bei jedem Schritt riecht es nach Feuchtigkeit, Erde und Holz. Der Morgennebel weicht langsam zurück. Ein Lichtstrahl bricht durch die Wolkendecke. Was für ein Geschenk, hier zu sein!

*

Es ist Erntezeit, und Gemüse füllt die kühlen Kellerräume: Zwiebeln, Kartoffeln, Knollensellerie, Kürbis, Weißkohl, Rotkohl, Zuckerhut und rote Bete. Der Speisezettel der Klosterküche verändert sich. Nun stehen Gerichte wie Kürbis- oder Lauchsuppe und Feldsalat auf dem Tisch.

Der Oktober ist für mich die Zeit, um eine erste Bilanz zu ziehen, zu reflektieren, was war und was ist. Was wuchs dieses Jahr im Garten, im Gewächshaus und auf dem Feld besonders gut? Welche Kulturen haben sich schön entwickelt? Aus welchen Plänen wurde nichts – und woran lag es? Was kann ich im nächsten Jahr als Gärtner besser machen? Wo muss ich achtsamer sein? Dies alles wahrzunehmen und die Gegebenheiten zu akzeptieren ist mir wichtig. Denn ich will ein Lernender bleiben. Und ich habe gemerkt: Immer wenn ich mich selbst zu wichtig nehme, wird es kompliziert.

Dass ich Ziele habe und diese mit Eifer verfolge, ist das eine. Aber das Leben lässt sich nicht genau abzirkeln und planen. Ein extrem langer Winter, ein außergewöhnlich feuchter Monat im Frühjahr, ein zu heißer Sommer – und schon sind alle Pläne, die ich hatte, keinen Pfifferling mehr wert. Und andererseits wird gerade das, was ich eigentlich längst aufgegeben habe, am Ende doch noch etwas. Die zunächst mickrigen Kürbispflanzen gedeihen in einem lauen Spätsommerklima bestens, und die Ernte fällt letztlich überreichlich aus.

Schon recht früh wurde mir klar: Es kommt nicht nur auf unser Tun an. Wenn wir als Gärtner zehntausend Samen ausstreuen, keimt nur ein gewisser Prozentsatz.

Manchmal sind es über 90 Prozent, die gedeihen, meistens 70 oder 80 Prozent – dann haben wir Glück. Aber im nächsten Jahr ist es vielleicht nur halb so viel. Das ist dann natürlich enttäuschend. Aber am Ende ernten wir ohnehin nicht nur das, was wir selbst gesät haben. Die Natur sorgt selbst dafür, dass sich das eine oder andere auf wundersame Weise vermehrt. Und es kommt ja nicht nur darauf an, eine Fläche zu füllen. Manche Pflanzen tragen reichlich Frucht, andere kaum.

Dort, wo man die Natur sich selbst überlässt, sucht sie sich ihre Wege. Baumwurzeln brechen den Asphalt, der Essigbaum zwängt sich durch Steinfugen, und wilder Wein rankt auf den Mauern. Alles wächst, so wie Gott es will. Und alles hat seine Zeit. Darüber schreibt der Prediger im 3. Kapitel des biblischen Buches Kohelet:

Alles hat seine Stunde. Für jedes Geschehen unter dem Himmel gibt es eine bestimmte Zeit: eine Zeit zum Gebären / und eine Zeit zum Sterben, / eine Zeit zum Pflanzen / und eine Zeit zum Ausreißen der Pflanzen, eine Zeit zum Töten / und eine Zeit zum Heilen, / eine Zeit zum Niederreißen / und eine Zeit zum Bauen, eine Zeit zum Weinen / und eine Zeit zum Lachen, / eine Zeit für die Klage / und eine Zeit für den Tanz; eine Zeit zum Steinewerfen / und eine Zeit zum Steinesammeln, / eine Zeit zum Umarmen / und eine Zeit, die Umarmung zu lösen, eine Zeit zum Suchen / und eine Zeit zum Verlieren, / eine Zeit zum Behalten / und eine Zeit zum Wegwerfen, eine Zeit zum Zerreißen / und eine Zeit zum Zusammennähen, / eine Zeit zum Schweigen / und eine Zeit zum Reden, eine Zeit zum Lieben / und eine Zeit zum Hassen, / eine Zeit für den Krieg / und eine Zeit für den Frieden. Wenn jemand etwas tut – welchen Vorteil hat er davon, dass er sich anstrengt? Ich sah mir das Geschäft an, für das jeder Mensch durch Gottes Auftrag sich abmüht. Das alles hat er schön gemacht zu seiner Zeit. Überdies hat er die Ewigkeit in ihr Herz hineingelegt, doch ohne dass der Mensch das Tun, das Gott getan hat, von seinem Anfang bis zu seinem Ende wiederfinden könnte. Ich hatte erkannt: Es gibt kein in allem Tun gründendes Glück, es sei denn, ein jeder freut sich und so verschafft er sich Glück, während er noch lebt, wobei zugleich immer, wenn ein Mensch isst und trinkt und durch seinen ganzen Besitz das Glück kennenlernt, das ein Geschenk Gottes ist. Jetzt erkannte ich: Alles, was Gott tut, geschieht in Ewigkeit. Man kann nichts hinzufügen und nichts abschneiden und Gott hat bewirkt, dass die Menschen ihn fürchten. Was auch immer geschehen ist, war schon vorher da, und was geschehen soll, ist schon geschehen und Gott wird das Verjagte wieder suchen.

Mich fasziniert der biblische Text in seiner Klarheit, Weisheit und Ruhe, denn der Schreiber erkennt den Rhythmus, in dem unser Leben pulsiert. Nicht wir bewirken den Lauf der Zeit, sondern die Zeit wirkt auf uns. Sie führt uns und lässt uns Teil eines großen Ganzen sein.

Alles hat seine Stunde. Für jedes Geschehen unter dem Himmel gibt es eine bestimmte Zeit. Vielen sind die Worte vertraut – und wenn sie sie nicht in der Kirche gehört haben, dann doch in der Literatur oder vertont, beispielsweise in der Interpretation der Byrds von 1965. Die singen: »Turn! Turn! Turn! To Everything There Is a Season.«

Auch wenn manches vergeht, keimt Neues auf. Die Natur hat immer einen Plan B, einen Plan C und dann, wenn auch das beides schiefgeht, noch eine weitere Variante, die mich überrascht. Wunder über Wunder. Um all die Wendungen aufzuzählen, die ich schon erlebt habe, reicht das Abc nicht aus. Manches fällt uns einfach zu. Und es ist wichtig, das kleine Glück wahrzunehmen und zuzulassen, statt ständig nach dem größeren zu schielen.

Im Oktober feiern wir im Kloster Erntedank. Br. Markus schmückt dazu den Altar in der Kirche mit den verschiedensten Früchten, Gemüse und Blumen: Äpfel, Artischocken, Kürbisse, Trauben, Tomaten, Zwiebeln … Wir sagen Danke für all das, was wir ernten können. Dankbarkeit ist ein Schlüssel zum Glück.

*

Im sonntäglichen Gottesdienst und bei den Tageszeitgebeten singen wir Benediktiner aus dem Stundenbuch, dem sogenannten Antiphonale. Das Wort hat seine Wurzeln im altgriechischen *antiphonos* – »entgegentönend«. Der Text eines Psalms oder eines Canticums wird beim gregorianischen Choral im Wechsel mit einem Vorvers oder Refrain gesungen. Einzelne Verse werden dabei sehr häufig wiederholt. So bekommen die Texte ein großes Gewicht und graben sich tief in unser Bewusstsein ein. Die Auswahl orientiert sich am Kirchenjahr und den Festen, die an bestimmten Tagen begangen werden.

An vielen Orten überall auf der Welt wird in Benediktinerklöstern das Stundengebet nach einer ähnlichen Ordnung gefeiert, so entsteht eine große Gebetsgemeinschaft.

Es gibt in der Bibel 150 Psalmen, poetische Texte, Lieder und Gebete. Die ältesten Psalmen stammen aus der Zeit vor dem babylonischen Exil, das 597 v. Chr. mit der Eroberung Jerusalems und des Königsreiches Juda durch den babylonischen König Nebukadnezar II. begann. Es gibt Klage-, Bitt-, Lob- und Dankpsalmen. Texte voller Weisheit, die die Jahrtausende überdauert haben. Faszinierend finde ich, wie viele Menschheitsgenerationen diese Texte schon gelesen, gesungen und gebetet haben.

Das Psalmengebet entwickelt, wenn man die Texte wie ich über Jahrzehnte hinweg singt, eine unheimliche Kraft. Es bringt ein Gleichmaß, eine Ruhe in den Alltag, und es verbindet die Mönche als Gemeinschaft der Gottsucher.

Wir beten als Christen nicht nur miteinander, sondern auch füreinander.

Der heilige Benedikt fordert uns auf, Herz und Stimme in Einklang zu bringen und auf diese Weise Gott zu loben. Zu wissen, wohin man gehört und wohin man geht, das ist ein großer Schatz.

*

An einem Spätnachmittag im Oktober stehe ich auf der Wiese hinter dem Bienenhaus und denke: Das ist ja kaum zu fassen, so wunderschön ist es!

Die Abendsonne taucht das dunkelrote Laub des Perückenstrauches in ein warmes Licht, die Blätter leuchten glutrot und es sieht fast so aus, als ob der Busch brennt, wenn der Wind hineinfährt und die verschiedenen Farbnuancen abwechselnd hell und dunkel scheinen.

Im Spätsommer trug der Strauch eine rosa-weiße Perücke. Seinen Früchten, die zu dieser Zeit reifen, verdankt der Perückenstrauch seinen Namen. Es sind auffällige Büschel, die aus vielen dünnen Fäden bestehen. Seine Blüten, die im Frühjahr ganz zart in den Tönen Grün und Gelb daherkommen, sind dagegen total unscheinbar.

Der Strauch der schon im Sommer dunkelrote Blätter hat, die sich im Herbst dann feuerrot verfärben, wächst in breiter Form und kann 3 bis 5 Meter hoch werden. Seine Borke ist grau-bräunlich und leicht rissig, furchig und schuppig. Sein Laub treibt der Perückenstrauch erst spät im Frühjahr aus. Jedes Jahr legt er in Höhe und Breite etwa 20 Zentimeter zu. Der Perückenstrauch liebt es sonnig und warm. Er gedeiht zwar auch in lichtem Halbschatten, doch zu seiner vollen Schönheit entwickelt er sich nur an einem sonnigen Standort.

Ich glaube, dass der rhythmische Charakter der Natur zu den wichtigsten Erlebnissen gehört, die wir im Garten verspüren können. Wechselnde Farben, sich öffnende und schließende Knospen, Verwandlungen jeglicher Art. Sonne, Wolken, Regen, Gewitter, Nebel, Schnee, Morgentau und Abendrot legen ihre Melodien auf diesen Rhythmus. Wir sind Staunende vor einem Naturschauspiel unter freiem Himmel. Sehen, hören, fühlen, riechen und schmecken das, was sich uns darbietet.

Ein Fest für alle Sinne. Und in jeder Erfahrung bergen sich überwältigende Glücksmomente. Leben bedeutet, Verwandlung anzunehmen und Veränderungen willkommen zu heißen.

Was mich immer wieder zum Nachdenken bringt, ist die Tatsache, dass in unseren Breiten sich die Vegetation im späten Herbst zurückzieht. Viele Pflanzen sterben ganz ab, nachdem sie Samen für späteres Leben ausgebildet haben. Andere sterben oberirdisch ab und überleben in der Wurzel. Laubgehölze verlieren ihre Blätter und sind fast ein halbes Jahr lang kahl.

Wenn man im Winter durch den Garten geht, könnte man denken, dass die Vegetation vollständig abgestorben ist. In Wirklichkeit haben die Pflanzen vorgesorgt um im Frühjahr mit neuer Kraft auf vielfältigste Weise wieder neues Leben hervorzubringen.

Schönheit – darum geht es an vielen Stellen in der Abtei St. Martin in Beuron.

Künstlermönche haben am Übergang vom 19. ins 20. Jahrhundert wunderbare Arbeiten geschaffen. Unter anderem haben sie die sogenannte Gnadenkapelle ausgestaltet, die 1898/1899 nördlich an das Schiff der Abteikirche angebaut wurde.

Die Gestaltung der Kapelle zeigt die Handschrift der Patres Paul Krebs, Willibrord Verkade, Ephräm König und Frater Lukas Reicht. In der goldglänzenden Kuppel trägt ein Chor von Engeln einen blauen Ornamentring, in dem Maria und Jesus zu sehen sind. Ornamente in Blau, Gold, Sepia und Rot schmücken auch die Rundbögen an den Seiten des Raumes und die Rückwand mit dem Kreuz. Immer wieder haben die Maler pflanzliche Motive verwendet: Blütenknospen, Zweige, Blätter, Dolden. Aus tulpenartigen Formen erwachsen Ranken, mit denen die Wandflächen unheimlich eindrucksvoll gestaltet sind.

Der Beuroner Kunststil, der sich noch in anderen Klöstern der Kongregation, beispielsweise in der Abtei St. Hildegard in Eibingen findet, bedient sich vieler Elemente, die Anklänge an altägyptische und prachtvolle byzantinische Kunst haben. Den Beuroner Mönchen und einigen von ihnen beeinflussten Künstlern ging es damals um eine neue Form christlicher Gestaltung, die ihren Ausdruck in Malerei, Bildhauerei und Goldschmiedekunst fand.

Mit der Gnadenkapelle hat man damals einen neuen Aufstellort für eine spätgotische Pietà, die aus der Mitte des 15. Jahrhunderts stammt, geschaffen. Als die Benediktiner 1863 das Kloster neu besiedelten, wurde mit einem feierlichen Gottesdienst am Pfingstmontag die Wallfahrt wiederbelebt, die im 18. Jahrhundert ihre Blütezeit hatte. Das Gnadenbild der Pietà stand zu dieser Zeit auf dem Tabernakel des Kreuzaltars in der Barockkirche.

Wenn ich in der Gnadenkapelle stehe und nach oben schaue, strahlt die prachtvolle Gestaltung trotz ihres Reichtums an Elementen, Zeichen und Bildmotiven auch eine große Ruhe aus. Ich entdecke bekannte biblische Figuren und freue mich an der floralen Gestaltung.

Fotografiert habe ich in der Kapelle schon mehrfach. Da es dort meistens recht dunkel ist und die Beleuchtung im wahrsten Sinne des Wortes ein allzu künstliches Licht wirft, arbeite ich am liebsten mit Stativ und einer längeren Belichtungszeit – und lasse die künstliche Beleuchtung ausgeschaltet.

Aber der Eindruck, den die Aufnahmen vermitteln, kann mit der Schönheit in der Realität nicht mithalten. Einen dreidimensionalen Raumeindruck, die gesamte Aura in einem zweidimensionalen Foto einzufangen ist schwierig. Es ist ohnehin ein Irrtum, wenn wir glauben, wir könnten den Moment festhalten. Die Fotos, die ich mache – und sind sie noch so gelungen – sie zeigen nur einen Abglanz dessen, was wirklich ist. Und manchmal auch eine künstlich verfremdete Realität. Im Spiel mit Belichtungszeit, Blende und Schärfe kann ich die Aussage eines Bildes verstärken.

Etwas festhalten wollen, das liegt in der Natur des Menschen. Aber wir müssen erkennen: Nichts bleibt, wie es ist. Alles ist flüchtig, alles fließt. Das wussten schon die Philosophen vor über 2500 Jahren. Aber viele ignorieren diese Weisheit. Der Mensch will die Natur beherrschen und sie seinem Willen unterordnen. Doch das klappt auf Dauer nicht. Es gibt Geheimnisse und Phänomene, die man nur bestaunen, aber (noch) nicht erklären kann. In der Natur steckt viel Potenzial, um Lösungen für die Herausforderungen unserer Zeit zu finden. Und gleichzeitig merken wir, wie fragil vieles ist und was passiert, wenn der natürliche Kreislauf durcheinandergerät.

*

Von was leben wir denn wirklich? Und auf was kommt es an? Das sind Fragen, die ich mir von Zeit zu Zeit stelle. Im Leben geht es um mehr als um Essen und Trinken. Wir leben in größeren Zusammenhängen. Beziehungen geben uns Halt, wir brauchen Liebe, sonst gehen wir ein wie Primelchen im kalten Wind.

Um Beziehungen, Verlusterfahrungen und Liebe geht es immer wieder auch in der Bibel.

Im Neuen Testament findet sich das Gleichnis vom verlorenen Sohn oder besser vom gütigen Vater (Lk 15, 11 ff). Ein großartiger Text, es lohnt ihn zu lesen. Ich erzähle die Geschichte hier in meinen eigenen Worten: Ein Vater hat zwei Söhne. Den jüngeren zieht es hinaus in die Welt, er lässt sich vom Vater seinen Erbteil auszahlen und bricht direkt auf. Der ältere Sohn bleibt, hilft dem Vater und kümmert sich um den Hof. Nach einiger Zeit, hat sein jüngerer Bruder das ganze Geld ausgegeben und endet in der Gosse. Reumütig kehrt er nach Hause zurück und wird vom Vater freudig aufgenommen. Ohne zu zögern, ohne lange zu fragen öffnet er ihm Tor und Tür. Ein Wiedersehensfest wird gefeiert – und der ältere Sohn ist eifersüchtig und verärgert, weil er das alles für total ungerecht hält.

Es ist ein Gleichnis über den Weg Gottes mit den Menschen. Gott ist einer, der uns stets eine Tür offen hält.

Ich finde mich in beiden Söhnen wieder. Einmal als derjenige, der sich immer wieder von Gott abwendet und trotzdem bei ihm willkommen ist – und auch in der Rolle des treuen, fleißigen Sohnes, der sich benachteiligt fühlt.

Der Text durchkreuzt meine Vorstellung von Gerechtigkeit. Müsste der jüngere Sohn nicht eine Wiedergutmachung leisten für seine Untreue und für sein ausschweifendes Leben? Nein, so ist es nicht. Der Vater öffnet seine Arme und heißt den verlorenen Sohn willkommen.

Gottes Liebe ist unbegreiflich. Sie ist immer größer als meine Fehler. Das ist Gnade.

Wir dürfen uns von Gott gehalten und getragen wissen. Von diesem Lebensgefühl und dieser Gewissheit erzählt auch ein Gedicht, das Rainer Maria Rilke geschrieben hat.

Die Blätter fallen, fallen wie von weit,
als welkten in den Himmeln ferne Gärten;
sie fallen mit verneinender Gebärde.

Und in den Nächten fällt die schwere Erde
aus allen Sternen in die Einsamkeit.

Wir alle fallen. Diese Hand da fällt.
Und sieh dir andre an: es ist in allen.

Und doch ist Einer, welcher dieses Fallen
unendlich sanft in seinen Händen hält.

Rainer Maria Rilke

NOVEMBER ❧ Wasser und Licht

Gerne wird von der Blauen Donau gesprochen, aber in unserer Region dominiert das Grün der Wasserpflanzen und der Büsche und Bäume am Ufer, die sich im Wasser spiegeln. Flohkrebse sausen auf dem Wasser umher, Insekten finden in den Wiesen links und rechts des Flusses reichlich Nahrung und in den Gehölzen Eiablagemöglichkeiten. Hier nisten auch viele Vögel. Eisvögel bauen in der Uferböschung ihre Nester, Fischreiher sitzen im Geäst oder stehen auf großen Steinen am Ufer und lauern auf Beute: Fische, die ihrerseits in der gemächlich dahinfließenden Donau genügend Nahrung finden. Äsche, Bachforelle, Hecht und Schleie haben hier ihren Lebensraum. Im November ist das Grün einer Fülle unterschiedlicher Grau- und Brauntöne gewichen. Sie erinnern an Schokolade und Walnüsse, Zimt und Karamell. Ein Maler nennt die äquivalenten Farbtöne Umbra, Ocker und Sepia. Hier und jetzt hat die Schöpfung reichlich davon aufgetragen. Im Wald schimmern die Buchen mit ihrer silbrig grauen Rinde.

*

Auf den ersten Blick ist das Donautal die pure Idylle. Und auch uns Mönchen im Kloster Beuron geht es wirklich gut. Wir haben alles, was wir zum Leben brauchen.

Vor rund hundert Jahren hatten die Mönche im Donautal mit vielen Widrigkeiten zu kämpfen. Gerade in den Wintermonaten war ihr Dasein extrem karg und herausfordernd. Die sogenannte Spanische Grippe wütete seit 1918, fast ein Drittel der damaligen Weltbevölkerung infizierte sich, mindestens 15 Millionen Menschen starben an der Krankheit. Zuvor hatte der Erste Weltkrieg, der im gleichen Jahr zu Ende gegangen war, deutliche Spuren hinterlassen: 9 Millionen Soldaten starben, weit mehr wurden verwundet. Dazu kam eine riesige Zahl Toter und Verwundeter unter der Zivilbevölkerung. Ein Wahnsinn.

Anfang der 20er Jahre des letzten Jahrhunderts erschütterte eine Wirtschaftskrise viele Staaten in der ganzen Welt. Auch Deutschland befand sich in mehrerlei Hinsicht in einer üblen Lage. Nahezu jede Familie hatte Kriegsopfer zu beklagen und durch den Versailler Vertrag musste das Land erhebliche wirtschaftliche Einbußen verkraften – man verlor 50 Prozent der bisherigen Eisenerzversorgung, 25 Prozent der Steinkohleförderung, 17 Prozent der Kartoffelernte und 13 Prozent der Weizenernte. Massive Versorgungsengpässe waren die logische Folge. Auch im Oberen Donautal.

In der Beuroner Klosterchronik von 1920 steht dazu Folgendes: »Beengender als die Lebensmittelnot ist zurzeit bei uns der Mangel an elektrischem Licht und Kraft, die allmählich zu Ende gehen. Die Maschinen (Gasmotorgeneratoren) meinen genug gearbeitet zu haben und beginnen zu streiken, dazu die Kohlennot. ...«

Man kann sich vorstellen, was dies für das aufstrebende Kloster und dessen Bewohner bedeutete. Alles, wirklich alles stand auf dem Spiel – und es musste umgehend gehandelt werden. Die Verantwortlichen entschieden sich, auf die Wasserkraft der Donau zu setzen und damit die lebenswichtige Energie zu erzeugen. Zwei Kilometer donauabwärts, nahe der St. Maurus Kapelle, wurden in Ufernähe ein Maschinenhaus und ein Wehr gebaut. 1921 nahmen zwei Francisturbinen ihren Betrieb auf und wandelten Wasserkraft in elektrische Energie.

2007 wurde an der gleichen Stelle ein neues Kraftwerk errichtet. Das alte Betonwehr mit einer Breite von 57 Metern war rissig geworden, zahlreiche Frühjahrshochwasser hatten ihre Spuren hinterlassen. Mit dem Neubau eines Klappenwehrs mit zweimal 27 Metern Breite kam eine Fischtreppe. Automatische Regeltechnik sorgt dafür, dass die vorhandenen Ressourcen optimal und gleichzeitig schonend genutzt werden.

Das Wasser, das blauegrüne Band der Donau ist die Lebensader der Region.

*

Die Heizung im Gewächshaus läuft und drängt die Kälte nach draußen. Ich fröstele dennoch ein wenig, vielleicht, weil ich seit Tagen ziemlich müde bin. Zum Glück ist der Großteil der Ernte eingefahren. Die Tage werden kürzer und die Arbeit im Garten wird weniger. Die Natur legt sich scheinbar zur Ruhe und lädt auch uns ein, dasselbe zu tun. Ein verlockendes Angebot, wie gern würde ich ihm folgen!

Doch die Arbeit im Kellergewölbe reißt nicht ab. Pflanzenessenzen wollen verarbeitet werden, Liköre sind zu mischen und Destillate herzustellen.

Wir füllen bis zu 1000 Flaschen Apfel-Balsamico- und Bärlauchessig in Handarbeit ab. Unser Apfel-Balsamico ist so, wie er sein muss: zähflüssig. Diese Konsistenz verhindert, dass wir unsere Abfüllmaschine einsetzen können. Und der starke Geschmack des Bärlauchs würde sich in dem Gerät festsetzen. Deshalb ist Handarbeit angesagt. Mir macht das Abfüllen Spaß, denn ich sehe mit jeder Flasche den wachsenden Erfolg der bereits getanen Arbeit. Und auch das ist ein Stück Glück!

*

Den Beinwellextrakt werde ich in den kommenden Tagen nochmals sorgfältig filtern und dann in Transportbehälter umfüllen. Mit unserem klostereigenen Kastenwagen bringe ich die Essenzen für vier verschiedene Cremes zu einem Betrieb in der Nähe von Bühl in Baden, der für uns die Zutaten mischt und anschließend abfüllt. Meistens fahre ich die 145 Kilometer von Beuron nach Bühl über Land. Ab Freudenstadt nehme ich die Schwarzwaldhochstraße. Im Winter ist die Strecke nicht ganz ohne, bei der letzten Fahrt war es auf der ersten Hälfte des Weges total nebelig. Aber dann brach die Sonne durch und ich hatte einen wunderbaren Blick über das Rheintal bis zu den Vogesen

Neben der Beinwellcreme produzieren wir auch Cremes mit Kamille-, Lavendel- und Ringelblumeextrakt. Wir verkaufen die verschiedenen Produkte im Klosterladen, in anderen Klöstern, im Internet und über einige ausgewählte Vertriebspartner.

Ende August oder Anfang September ernte ich im Klostergarten Artischockenblätter.

Die Artischocke ist eine ungewöhnliche Pflanze, sie gehört zur Familie der Disteln. Sie wird bis zu zwei Meter groß, ihre Blätter bis zu achtzig Zentimeter lang.

Ältere, auf den Boden hängende und ganz junge Blätter belasse ich bei der Ernte bewusst an den Pflanzen und schneide nur diejenigen ab, die sich von ihrer Größe und Beschaffenheit am besten für die Herstellung des Extrakts eignen.

Die Pflanze wächst weiter und bildet im Oktober und November Blütenknospen aus. Sobald die Artischocke ihre wunderschöne blauviolette Blüte zeigt, ist sie nicht mehr genießbar. Ich muss deshalb wachsam sein und betaste mehrmals in der Woche die Blütenknospe einer Artischocke um festzustellen, wann der perfekte Zeitpunkt gekommen ist, um sie zu ernten. Wenn sich die

Deckblätter leicht abspreizen und sich die Blütenknospe prall anfühlt, kann die Ernte der »Artischockenherzen« beginnen. Die Blüten selbst sind nicht essbar, doch sie sind ein schöner Schmuck und halten lange, wenn man sie behutsam trocknet.

Obwohl es eigentliche eine mediterrane, Wärme liebende Pflanze ist, verträgt die Artischocke Frost und Minusgerade bis zu acht Grad unter null. Allerdings stirbt sie bei längeren Frostzeiten ab.

*

In den meisten Klöstern Europas haben Männer und Frauen über viele Jahrhunderte hinweg eine besondere Lebensart kultiviert – bis heute. Hinter den Klostermauern waren und sind sie als Gärtner, Bauern Bäcker, Metzger, Imker, Käsehersteller, Koch, Seifensieder, Schreiner, Sattler, Schneider, Kunstschmied, Schlosser, Bibelkundler, Chronist, Arzt, Archivar, Buchbinder, Küfer oder Destillateur tätig.

Viele bedeutende Entdeckungen wurden in Klöstern gemacht. Und dort war und dort ist auch ein Hort des Wissens.

Klöster sind ein Mikrokosmos – denn hinter ihren Mauern findet sich das meiste, was es zum Leben braucht. Die Gemeinschaften versuchen sich weitestgehend autark selbst zu versorgen. Dies ist seit Gründertagen so angelegt, weil Mönche und Nonnen möglichst wenig außerhalb des Klosters unterwegs sein sollen, um sich auf ihre eigentliche Bestimmung und die Aufgaben für die Gemeinschaft zu konzentrieren.

Im Laufe der Jahre habe ich gemerkt, wie wenig es mich reizt, das Kloster zu verlassen. Es gibt auch im Kloster so viel zu entdecken! Es kommt nicht darauf an wie viel ich erlebe, sondern wie intensiv ich lebe.

Ich liebe es mit offenen Augen und Ohren durchs Leben zu gehen und Neues auszuprobieren. Mein Forscher- und Entdeckerdrang, meine Neugier, sie ist manchmal kaum zu bändigen.

Im Kloster Beuron gibt es Hunderte von Türen und Stufen. Sinnbilder für ein Leben, in dem es auch darum geht, immer wieder neu eine Tür zur Erkenntnis zu öffnen, nicht stehen zu bleiben, sondern die nächste Stufe auf einem Weg zu nehmen, der uns ein Stück weiterbringt.

Im Winterhalbjahr finde ich etwas mehr Zeit für mich. Ich sitze auf meinem Zimmer am Schreibtisch, notiere mir den einen oder anderen Gedanken zu dem, was mich gerade beschäftigt.

Klostergärten sind aus meiner Sicht so etwas wie eine Art Miniaturparadies. Begrenzt durch die Klostermauer gedeihen Obst, Gemüse, Kräuter und Blumen. Dabei geht es nicht nur um Broterwerb und wirtschaftliches Auskommen, sondern auch um einen guten Umgang mit der Schöpfung Gottes – letztlich immer um Harmonie.

Benedikt von Nursia wusste im 6. Jahrhundert bereits um die Zusammenhänge von Garten, Genuss, Gemeinschaft und Gesundheit.

Das damalige Nursia heißt heute Norcia und liegt in der Nähe von Spoleto im umbrischen Apennin – einer bergigen Region in der Mitte Italiens.

Benedikt lebte als Einsiedler, wurde dann Abt eines Klosters und schließlich Ordensgründer. Die von ihm verfasste Regel des Benediktinerordens entstand um das Jahr 540 herum.

In seiner Regel finden sich viele Kapitel, die sich um die wesentlichen Themen menschlichen Lebens drehen: Um richtiges Verhalten, das dem anderen dient, gelingende Beziehungen, sinnvolle

Beschäftigung, das rechte Maß in allen Dingen: gesunde Ernährung, Fasten, ausreichend Schlaf, positives Denken und den Umgang mit der Einsamkeit. Ganz wesentlich sind bestimmteZeiten der Stille. Das ist wirklich klug – und heilsam. Denn hier geht es um seelische Gesundheit.

Über den Abt, der dem Kloster vorsteht, sagt Benedikt »Er lasse sich vom Gespür für den rechten Augenblick leiten und verbinde Strenge mit gutem Zureden. Er zeige den entschlossenen Ernst des Meisters und die liebevolle Güte des Vaters.« (Benediktsregel, Kapitel 2, 24) Auch hier geht es darum, das rechte Maß auszuloten, was ein ständiger Prozess ist.

Benedikt war seiner Zeit in mancherlei Hinsicht um einiges voraus. In dem von ihm gegründeten ersten Kloster Monte Cassino in Italien gab es einen eigenen Arzt, Heilkundewissen wurde hochgeschätzt und gepflegt.

Heute gibt es weltweit etwa 7300 Benediktinermönche und 15 400 -nonnen, davon leben im deutschen Sprachraum etwa 1500 Angehörige des Ordens. Das Ordenskürzel OSB, das die Ordensmitglieder hinter ihren Namen setzen, steht für *Ordo Sancti Benedicti*.

Das lateinische Wort *benedicere* bedeutet Gutes reden, Gutes sagen.

Respektvoller Umgang und ein Miteinander, in dem einer den anderen achtet, sind das Ideal, dem die Mönche im Kloster nacheifern sollen. Und wenn der eine den anderen doch einmal durch sein Verhalten verletzt, so weist die Benediktsregel den Weg zu einem vernünftigen Neuanfang, der mit der Bitte um Vergebung beginnt. Natürlich gibt es auch in einem Kloster Konflikte, das bleibt nicht aus, wenn viele Menschen, noch dazu aus ganz unterschiedlichen Generationen unter einem Dach zusammenleben. Auch wenn wir alle die gleiche Kleidung tragen, sind wir doch ganze verschiedene Charaktere – und keine Heiligen.

Das *Höre!* aus der Benediktsregel ist Programm. Genau hinzuhören und zu erkennen, was gerade für mich dran ist, worauf es ankommt. Aber auch, was die Gemeinschaft braucht.

Im Laufe meines Lebens habe ich gemerkt, dass ich mehr Fragen als Antworten habe. Als Mönch versuche ich deshalb andere Suchende mit auf den Weg zu nehmen, die richtigen Fragen zu stellen, statt vorschnell fertige Antworten zu liefern. Menschen zu ermutigen, selbst die notwendigen Schritte zu gehen, anstatt Abhängigkeiten zu schaffen.

Nicht das Bessersein als andere zeichnet Christen aus, sondern ein tiefes Geborgensein. Wenn Menschen von innen strahlen, weil sie im Geist der Liebe unterwegs sind, dann ist dies ein Hoffnungszeichen. Im Prolog der Benediktsregel heißt es im 13. Vers: *Lauft, solange ihr das Licht des Lebens habt ...*

Christus selbst hat immer wieder vom Licht gesprochen. Sein Leben ist ein leuchtendes Vorbild. Und der alttestamentarische Prophet Jesaja kündigt die Geburt des Gottessohnes mit folgenden wunderbaren Worten an: *Das Volk, das in der Finsternis ging, sah ein helles Licht; über denen, die im Land des Todesschattens wohnten, strahlte ein Licht auf. (...) Denn ein Kind wurde uns geboren, ein Sohn wurde uns geschenkt. Die Herrschaft wurde auf seine Schulter gelegt. Man rief seinen Namen aus: Wunderbarer Ratgeber, Starker Gott, Vater in Ewigkeit, Fürst des Friedens.* (Jes 9, 1 ff)

DEZEMBER ❦ Erwartung und Erfüllung

Der letzte Monat des Jahres bringt Schnee und Frost. An manchen Tagen ist es in Beuron nachts deutlich unter null, und das Thermometer zeigt tagsüber selten mehr als fünf Grad. Alles scheint in Weiß, Beige und Grau getüncht zu sein. Der Winter ist ein Gleichmacher und versteckt selbst die roten Dachziegel des Klosters. Doch wenn die Sonne scheint, schimmert und glitzert es auf den Zweigen und die Zeiger der Turmuhr funkeln. Zwischen den kahlen Bäumen leuchten die Kalkfelsen empor. Das Leben verlagert sich von außen nach innen und über allem schwebt die Vorfreude über das bevorstehende Weihnachtsfest.

*

Wenn es Abend wird, fällt unter dem markanten Zwillingsgiebel der Bibliothek warmes Licht aus hohen Fenstern. Im Chorgestühl erklingt das Abendlob. Nacht hüllt das Tal in ihr lila-schwarzes Gewand. Innerlich und äußerlich zieht die Ruhe ein. Der Advent ist im Kloster eine besondere Zeit der Stille und Einkehr, des Hörens und des Schauens. Wir lesen und singen als Gemeinschaft die jahrtausendealten biblischen Texte und Choräle. An vielen Stellen im Kloster stehen künstlerisch gestaltete Krippen. Sie werden allerdings, anders als sonst üblich, bei uns erst wenige Tage vor Weihnachten aufgebaut. Eine mit Figuren aus dem Heiligen Land, geschnitzt aus Olivenholz, eine andere mit bemalten Tonfiguren. Unsere Besucher freuen sich Jahr für Jahr an der großen Felsenkrippe, die nahe der Pforte aufgestellt ist. Andere Krippen stehen vor dem Refektorium, im Rekreationszimmer, im Gastflügel, auf der Krankenstation und natürlich im Kirchenschiff.

Pater Ansgar Dreher hat vor Jahrzehnten aus Lindenholz eine 165 Zentimeter hohe Krippe geschnitzt, die aus fünf Teilen besteht. Aus den Abschnitten eines Baumstamms sind die einzelnen Darstellungen eindrucksvoll herausgearbeitet worden. Zunächst schuf der Künstler zwei Figuren – Maria und das Jesuskind. Maria ist mit geöffneten Händen dargestellt, so als warte sie darauf, etwas zu empfangen. Das Jesuskind liegt in einer Krippe, die auf den zweiten Blick auch ein Kreuz andeutet. Jesus hebt segnend seinen Arm. Gleichzeitig ist dies ein Symbol für seine Auferstehung, dass er den Tod besiegt. Über seinem Kopf ist ein Ornament angeordnet, für mich sieht es aus, wie eine Futterraufe und zugleich ein wenig wie eine Krone. Entstanden sind die wunderschön gearbeiteten Holzfiguren 1973, ein Jahr später kamen Josef, Ochs und Esel dazu. Die beiden Tiere beugen ihren Kopf jeweils über Gatter, die gestalterisch zu dem Ornament über dem Mittelteil der Krippe, der Jesusdarstellung, passen. Josef, der seinen Kopf nach rechts neigt, beobachtet das Geschehen auf einen Stab gestützt. Mir gefällt diese Weihnachtskrippe besonders gut. Sie steht im Kontrast zu den lieblich-romantischen Darstellungen anderer Krippen, die oftmals nicht meins sind. Aber beides hat seine Berechtigung. Die Geschmäcker sind verschieden – ebenso wie das Empfinden von Schönheit.

Advent ist die Zeit der Erwartung. Schritt für Schritt nähern wir uns dem Weihnachtsfest und seinem Geheimnis. Von jeher vertraut und doch immer wieder aufs Neue schön. Seit Kindheitstagen erlebe ich die Adventszeit voller Vorfreude auf das Fest. Sonntag für Sonntag zünden wir auf dem Adventskranz eine weitere Kerze an.

Das Licht ist ein Symbol für Christus, der mit seinem Leben einen neuen Glanz der Hoffnung in die Welt bringt. Im Messbuch steht über den Texten für den ersten Sonntag im Advent: *Gott kommt uns entgegen. Wir brechen auf in die Zukunft, die er uns bereitet.*

Gott schickt seinen Sohn, ein kleines, hilfloses Kind, das unter ärmlichen Verhältnissen auf die Welt kommt. *Advenire*, das lateinische
Wort, das der Zeit vor Weihnachten den Namen gab, bedeutet so
viel wie »*ankommen, herankommen, sich nähern, eintreffen*«. Indem
wir unsere Häuser und Wohnungen schmücken, bereiten wir uns
auf die Ankunft und das Willkommensfest vor.

Dass wir im Kloster mit dem Aufstellen der Krippen und dem
Schmücken wirklich bis kurz vor den Weihnachtsfeiertagen warten, hat einen tieferen Grund: Wir wollen in der Adventszeit unsere
Herzen frei machen und uns für das Geheimnis von Weihnachten
bewusst öffnen. Das gelingt leichter, wenn wir weniger machen, auf
die Dekoration von Räumen verzichten und uns im Zweifelsfall
immer für das Schlichte entscheiden, wenn wir die Wahl haben.
Denn so kann sich nach einer langen Zeit der Erwartung und der bewussten Reduktion der Glanz des Weihnachtsfestes in besonderer

Weise entfalten. In der Dunkelheit wirkt eine Kerze viel stärker als wenn es hell ist. Nur ein Gefäß, das leer ist, kann man füllen. Es geht darum, dass wir die Weihnachtsbotschaft in uns aufnehmen können: Gott ist Mensch geworden, einer von uns.

Wenige Tage vor Weihnachten stellen wir zwei Tannenbäume im Chor auf. Grüne Nadeln und Tannenduft bringen Weihnachtsstimmung in die Räume. Einer unserer jüngeren Brüder steht auf einer Leiter in schwindelerregender Höhe, um die Bäume zu schmücken. Im Gewächshaus der Klostergärtnerei warten Weihnachtssterne mit ihren roten Blättern darauf, in der Christnacht die barocken Altäre der Kirche zu schmücken.

Zu Weihnachten wird in der Kirche das Bild über dem Hochaltar ausgetauscht. Von Heiligabend bis zum Fest »Darstellung des Herrn« (früher »Mariä Lichtmess«) am 2. Februar ziert ein Gemälde, das Pater Gabriel Wüger gemalt hat, den Hochaltar. Es zeigt Maria und Josef mit dem Kind in der Krippe. Über dem Stall knien drei wunderschön gestaltete Engel. Die Darstellung hat insgesamt etwas Paradiesisches. Die Bäume im Hintergrund zeigen üppige gelbe Früchte. Tauben im Giebel des Krippendaches stehen für den Frieden, den Jesus in die Welt bringt. Am Gestein der Höhle rankt ein Weinstock mit Weinreben und Efeu. Der Vordergrund am Fuße der Darstellung zeigt eine paradiesisch anmutende Szene mit vielen bunten Blumen und Vögeln.

Jetzt im Dezember ist der Klostergarten still, selbst Vogelgezwitscher ist kaum zu hören. Nur das Tschilpen und Streiten der futtersuchenden Spatzen schallt zwischen kahlen Büschen und im immergrünen Laub unseres »Schwarzwalds« am Rande des Klostergartens. Der erste Schnee ist früh gefallen und deckt das Braun der Felder und verwaschene Grün der Wiesen gnädig zu. Im

Gewächshaus gedeiht im Dezember Feldsalat; dazu wachsen frisch getopfte Stiefmütterchen, Gänseblümchen und Vergissmeinnicht ganz langsam bis ins Frühjahr hinein. Immer wieder schaue ich danach und freue mich daran, dass alles trotz der dunklen, kalten Jahreszeit jeden Tag ein wenig wächst.

*

Nicht nur als Gärtner weiß ich, dass das Warten im Leben eine besondere Bedeutung hat. Wenn wir alles, was wir gerne hätten, direkt bekämen, wenn uns jeder Wunsch sofort erfüllt würde, dann gäbe es keine Vorfreude. Und das wäre doch wirklich schade.

Ich warte auf etwas, was im Verborgenen keimt. Ich warte, bis es die Erde durchbricht und eine junge Pflanze zum Licht wächst. Wie sie sich langsam entwickelt und ihre volle Pracht entfaltet. Und ich warte bis Gemüse und Äpfel reifen, damit ich dann, wenn es so weit ist, ernten kann. Manchmal warte ich als Gärtner auch nur auf Regen oder Sonnenschein.

Suchen, Sehnen und Warten sind Teil meines Glaubensleben. Christen warten auf einen neuen Himmel und eine neue Erde, die Gott am Ende aller Tage verheißt. Manche hoffen auf ein Wunder, auf Heilung oder Trost. Ich warte manchmal ganz schlicht auf ein kleines Zeichen, wann es an der Zeit ist, den nächsten Schritt zu wagen. Manche werden ganz nervös, wenn sie sehen, wie lange ich manchmal zögere und abwarte, bevor ich eine größere Entscheidung treffe. Aber ich muss erst das Gefühl haben, dass die Zeit wirklich reif dafür ist. Und dann handle ich entschlossen. Warten ist ein Schlüssel. Die nötige Geduld bringe ich mit.

*

Endlich kann ich mich im Dezember auch um die Abzüge meiner Fotos kümmern. Meine persönliche Erinnerungsernte des vergangenen Jahres. Einige neue Bilder wurden schon im Rundbrief des Klosters veröffentlicht, andere habe ich kaum betrachtet, weil schlicht die Zeit dafür fehlte. Die digitalen Aufnahmen sind auf der Festplatte des Computers gespeichert, andere Motive habe ich auf Film gebannt und die entwickelten Abzüge vorläufig in einem Umschlag gestapelt. Jetzt nehme ich mir jedes einzelne Bild in Ruhe vor. In manchen Fällen sehe ich schnell: Das ist nichts geworden – und lösche die Daten. Bei anderen Bildern überlege ich länger, vergleiche die verschiedenen Varianten, die ich von einem Motiv gemacht habe. Mit längerer Belichtungszeit, mit einer Unschärfe im Vordergrund oder bewusst verfremdet. Auch das hat seinen Reiz.

Bei jedem Bild weiß ich genau, wann es entstanden ist. Ich erinnere mich beim Betrachten an den schönen Abend im Juni, als ich oberhalb der Mauruskapelle bei der Benediktushöhle saß und die letzten Sonnenstrahlen das Tal in warmes Licht hüllten. Gerne denke ich an den Spaziergang am Flussufer im Mai, wo ich nasse Füße bekam, weil ich auf einen großen Stein klettern wollte, um eine bessere Perspektive zu haben. Und an den Nachmittag am Bienenhaus. Im Oktober fotografierte ich bei der Apfelernte, die dieses Jahr besonders reichlich ausfiel. Die Früchte, die ich einzeln fotografiert habe, sehen zum Anbeißen lecker aus.

Meine Motive beschreiben die Welt, in der ich mich bewege – das Kloster und seine Bauten, der Garten und seine Blumen. Auch meine Mitbrüder fotografiere ich, wenn sie einverstanden sind – und immer wieder mal auch wenn sie es gar nicht bemerken.

Manche Bilder entfalten ihre Wirkung erst im Großformat. Obwohl ich der Fotograf bin, staune ich über die Ergebnisse, wenn der vertraute Kreuzgang aus einem bestimmten Blickwinkel betrachtet total abstrakt wirkt. Ein grafisches Wechselspiel von Licht und Schatten. Wenn mir andere sagen, dass es ein Meisterwerk ist, weiß ich darauf kaum etwas zu sagen. Ich staune und freue mich. Klar, habe ich das Foto gemacht. Aber es war auch ein Geschenk des Himmels, dass es entstanden ist.

*

Im Winter habe ich mehr Muße, über das eine oder andere nachzudenken.

Das Wort »gedankenverloren« gefällt mir. Sich in etwas vertiefen, in Ruhe zu überlegen, Gedanken kreisen zu lassen, ohne die Absicht, direkt zu einem Ergebnis zu kommen. Ich sitze in meiner Klosterzelle am Schreibtisch, lese einige Seiten in einem guten Buch, notiere, was mir in den Sinn kommt. Das Wort Dankbarkeit unterstreiche ich.

Viele Menschen haben eine große Sehnsucht nach mehr Ruhe in ihrem Leben. Manche finden Entspannung beim Yoga, andere hören leise Musik oder besuchen einen Meditationskurs. Der klösterliche Tagesablauf verläuft im Wechsel von Arbeit und Entspannung, kennt feste Zeiten für gemeinsame Mahlzeiten und das Gebet. Für mich ist der Rhythmus der Gebetszeiten mit seinen sich wiederholenden Gesängen wohltuend. Viele Texte haben sich im Lauf der Jahrzehnte, in denen ich sie singe, ins Gedächtnis eingegraben. Heute haben wir einen Vers gesungen, an dem ich mich immer wieder freue:
Taut, ihr Himmel, von oben, ihr Wolken, lasst Gerechtigkeit regnen!
Die Erde tue sich auf und bringe das Heil hervor.
Halleluja.

Im Messbuch steht zum Abschluss dieses Tages ein großartiger Gedanke: Gott – *du bist für uns die ewige Entdeckung und das ewige Wachstum. Je mehr wir dich zu begreifen glauben; umso mehr enthüllst du dich als der andere*« (Teilhard de Chardin).

Der Garten ist ein unglaublicher Ort, voller Gleichnisse. Ein Ort um zu sich selbst zu finden und mit sich ins Reine zu kommen, trotz allen Macken, aber auch mit allen Vorzügen.

Mir zeigt der Garten jeden Tag, wie wichtig ist es, nicht nur ein Schaffer, sondern auch ein Empfangender und ein Liebender zu sein. Wer die Schöpfung lieben gelernt hat, wird mit ihr besser umgehen. Und wer die Welt mit den Augen eines Liebenden betrachtet, schaut tiefer.

Bevor man Schöpfung und Geschöpfe annehmen und lieben kann, geht es um die Selbstannahme. Denn nur wer fähig ist, sich selbst zu lieben, kann auch andere lieben. In der Liebesfähigkeit verlieren Herrschaftsdenken und Machtansprüche ihre Kraft.

Der Garten im Wechsel der Jahreszeiten lehrt mich, gelassen zu sein und mit den eigenen Kräften zu haushalten. Was entstehen soll, wird ans Licht kommen. Anderes vergeht, Neues wächst nach. Nach der Sichelhenke, so nennen wir das Erntedankfest in Süddeutschland, ruhen Arbeit und Land. Die Äcker sind gepflügt und bereit für das Neue nach dem Winter. Viele Dinge in der Natur regeln sich von alleine. Würde ich mich einmischen, würde ich gegen die Natur arbeiten. Ich darf gelassen sein. Und ich muss mir auch nicht fortwährend Sorgen um irgendetwas machen. Für mich, für uns alle ist auf die eine oder andere Weise gesorgt.

In der Bibel erzählt Jesus ein Gleichnis über das Sorgen – und über den Schatz des Lebens. Es ist im 6. Kapitel des Matthäusevangeliums zu finden. Dort heißt es:

Sammelt euch nicht Schätze hier auf der Erde, wo Motte und Wurm sie zerstören und wo Diebe einbrechen und sie stehlen, sondern sammelt euch Schätze im Himmel ... Denn wo dein Schatz ist, da ist auch dein Herz.

Sorgt euch nicht um euer Leben, was ihr essen oder trinken sollt, noch um euren Leib, was ihr anziehen sollt! Ist nicht das Leben mehr als die Nahrung und der Leib mehr als die Kleidung? Seht euch die Vögel des Himmels an: Sie säen nicht, sie ernten nicht und sammeln keine Vorräte in Scheunen; euer himmlischer Vater ernährt sie. Seid ihr nicht viel mehr wert als sie? Wer von euch kann mit all seiner Sorge sein Leben auch nur um eine kleine Spanne verlängern? Und was sorgt ihr euch um eure Kleidung? Lernt von den Lilien des Feldes, wie sie wachsen: Sie arbeiten nicht und spinnen nicht. Doch ich sage euch: Selbst Salomo war in all seiner Pracht nicht gekleidet wie eine von ihnen. Wenn aber Gott schon das Gras so kleidet, das heute auf dem Feld steht und morgen in den Ofen geworfen wird, wie viel mehr dann euch, ihr Kleingläubigen! Macht euch also keine Sorgen und fragt nicht: Was sollen wir essen? Was sollen wir trinken? Was sollen wir anziehen? ... Euer himmlischer Vater weiß, dass ihr das alles braucht. Sucht aber zuerst sein Reich und seine Gerechtigkeit; dann wird euch alles andere dazugegeben. Sorgt euch also nicht um morgen ...

*

Prachtvoll ist auch der Ritterstern, besser bekannt als Amaryllis. Seit Jahren hegen wir im Gewächshaus Rittersternzwiebeln, damit sie vor Weihnachten blühen. Es ist schön, zu erleben, wie aus der unspektakulären, leblos wirkenden Zwiebel neues Grün herauswächst – und dann kommt erst der dicke kräftige Schaft. An ihm entwickeln sich die imposanten Blüten, die mich an den Schalltrichter eines Grammofons aus Urgroßvaters Zeiten erinnern. Die Amaryllis ist eine repräsentative Erscheinung, sie passt zu Weihnachten, dem großen Fest der Christenheit.

Ihr Vorfahre, die sogenannte Echte Amaryllis, wird Belladonnalilie genannt. Sie stammt aus dem tropischen und subtropischen Raum und gelangte Mitte des 18. Jahrhunderts aus Afrika nach Europa. Die Rittersterne wurden erst später in Südamerika entdeckt. Bei guter Pflege kann eine Amaryllis mehrere Jahre lang immer wieder Blüten tragen, sogar mehrfach im Jahr. Dazu muss man die Amarylliszwiebel pflegen, wenn sie verblüht ist.

Aber Achtung: Die Amaryllis ist sowohl im Topf als auch in der Vase als Schnittblume sehr kälteempfindlich. Deshalb müssen wir stets darauf achten, dass sie während eines Transportes, und sei es nur vom Gewächshaus ins Klostergebäude, gut verpackt ist.

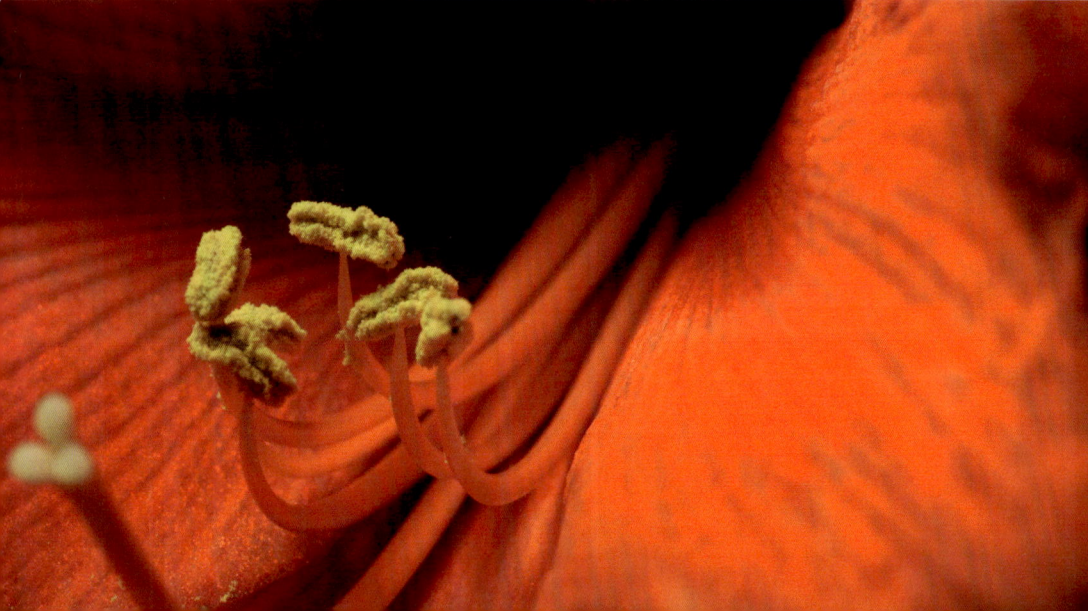

Es ist Heiligabend. Am Nachmittag schlüpfe ich in eine warme Jacke, setze eine Mütze auf, ziehe Handschuhe an und mache einen ausgedehnten Spaziergang. Am Ende laufe ich noch einmal in aller Ruhe durch den Klostergarten. Mein Blick streift die schlummernden Beete, folgt dem Flusslauf bis zur Biegung und bleibt an der Stelle am Ufer hängen, wo ich im Sommer einige Aufnahmen gemacht habe. Ganz zum Schluss gehe ich noch ins Gewächshaus, schaue dort nach dem Rechten und bin zufrieden.

Die Zeit bis zum abendlichen Gottesdienst, zu dem immer viele Gäste aus der ganzen Umgebung ins Kloster kommen, verbringe ich in meiner Klosterzelle, ruhe ein wenig aus und denke dabei an früher. An den geschmückten Weihnachtsbaum bei uns zu Hause, an meine Eltern und Geschwister.

Ich sehe schon die freudigen Gesichter meiner Mitbrüder, die sich nachher um kurz vor halb neun im Kreuzgang zum Einzug in die Kirche versammeln. Um halb neun beginnt die Christmette, in der auch die Eucharistie gefeiert wird. Anschließend werden wir noch einmal kurz im Kreuzgang zusammenstehen und einander frohe Weihnachten wünschen.

In meinen Gedanken verschwimmen Erinnerungen und Gegenwärtiges und mich überflutet ein wunderbares Gefühl – Glück.

*

Wir schenken uns an Weihnachten untereinander nichts. Das braucht es nicht. Denn die Freude ist auch ohne persönliche Geschenke deutlich zu spüren. Am ersten Weihnachtstag sind mittags die Tische im Refektorium festlich gedeckt. Es gibt ein hervorragendes Essen, mit Kartoffelklößen, Blaukraut und Braten; dazu ein Wein.

Wie immer essen wir im Schweigen und sind auf diese Weise ganz bei dem, was gerade ist. Heute hören wir festliche Tischmusik, das gibt es nur an besonderen Tagen. Zu Beginn hören wir einen Text aus der Bibel, passend zum Fest und am Schluss noch einen Abschnitt aus der Regel des heiligen Benedikt. Danach stehen wir auf und danken im Gebet für all das, was uns geschenkt wird: das gute Essen, Gottes Frohe Botschaft und die Gemeinschaft untereinander.

In der Adventszeit haben wir im Kloster, wie jedes Jahr, bewusst etwas bescheidener gelebt. Dadurch, dass man vorher auf das eine oder andere verzichtet, erlebt man die Festtage noch einmal ganz anders. In einer Zeit der Besinnung ist es gut, sich auf das Wesentliche zu konzentrieren.

Es ist Abend geworden. Ich schaue noch einmal aus dem Fenster, bevor ich mich schlafen lege. Das Kloster leuchtet im Dunkeln, der Himmel ist sternenklar und der Garten schlummert unter einer dünnen Schneedecke. Ich bin zu Hause.

Deo gratias. Herr, ich danke dir.

NACHKLANG

Einmal bin ich gefragt worden, mit wem ich mein Leben tauschen würde, wenn ich könnte.

Meine Antwort lautete: Ich will mit niemandem tauschen!
  Denn für mich steht fest: Das Glück wächst im Garten!

Br. Felix Weckenmann OSB, Jahrgang 1961, absolvierte eine Ausbildung zum Gärtner und trat 1983 in die Erzabtei St. Martin zu
Beuron ein. Nach den Jahren der klösterlichen Ausbildung besuchte der Benediktinermönch die Gartenbauschule in Heidelberg
und schloss diese Ausbildung mit der Prüfung zum staatlich ge-
prüften Wirtschafter für Gartenbau und Gärtnermeister ab. Seit
1990 leitet er die Klostergärtnerei. Br. Felix ist mehr als ein Gärtner:
Er ist ein hervorragender Fotograf, ein Tüftler, Entwickler und Ent-
decker. Einer, der dem Leben als solches auf den Grund geht.
www.erzabtei-beuron.de

Christoph Fasel, Jahrgang 1957, studierte in Paris und München
Germanistik, Geschichte und Philosophie. Als Journalist war er
u. a. für die BILD, das Magazin der *Süddeutschen Zeitung* und den
stern sowie als Chefredakteur für *Reader's Digest* und *Bild der
Wissenschaft* tätig. Er arbeitet als Buchautor, als Berater und Dozent
an Universitäten und hat schon mehrere Bestseller geschrieben.
Das Buch von Br. Felix als Co-Autor zu begleiten, war ihm ein
Herzensanliegen.

Besuchen Sie uns im Internet:
www.bene-verlag.de

Originalausgabe März 2022
© 2022 bene! Verlag
Ein Imprint der Verlagsgruppe
Droemer Knaur GmbH & Co. KG, München.
Alle Rechte vorbehalten. Das Werk darf – auch teilweise – nur mit Genehmigung des Verlags wiedergegeben werden.
Die Nutzung unserer Werke für Text- und Data-Mining im Sinne von § 44b UrhG behalten wir uns explizit vor.
Alle Bibeltexte wurden entnommen aus: Einheitsübersetzung der Heiligen Schrift, vollständig durchgesehene und überarbeitete Ausgabe © 2016 Katholische Bibelanstalt GmbH, Stuttgart
Konzept und Textgestaltung: Stefan Wiesner
Lektorat: Susanne Ospelkaus
Gestaltung: Maike Michel
Cover- und Autorenfoto S. 220 und S. 4/5: Conny Wenk; alle übrigen Aufnahmen: Br. Felix Weckenmann
Druck und Bindung: Grafisches Centrum Cuno
ISBN 978-3-96340-208-1

5   4   3   2